华友创将系列

# 华为 离职江湖

华为系创业版图中崛起的30位门徒

傅贤伟　王海燕　主编

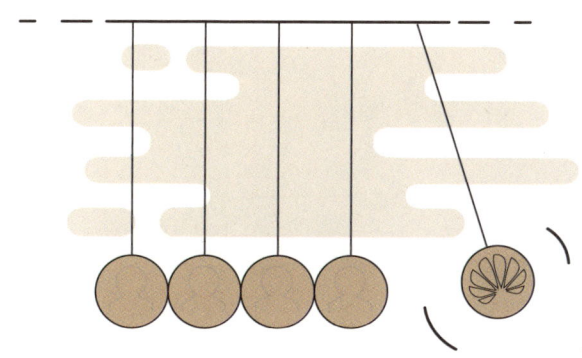

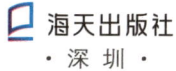

海天出版社
·深圳·

图书在版编目（CIP）数据

华为离职江湖：华为系创业版图中崛起的30位门徒 / 傅贤伟，王海燕主编. — 深圳：海天出版社，2019.2（2019.3重印）
（华友创将系列）
ISBN 978-7-5507-2524-9

Ⅰ. ①华… Ⅱ. ①傅… ②王… Ⅲ. ①通信企业—企业文化—研究—深圳 Ⅳ. ①F632.765.3

中国版本图书馆CIP数据核字(2018)第256648号

## 华为离职江湖：华为系创业版图中崛起的30位门徒
HUAWEI LIZHI JIANGHU: HUAWEIXI CHUANGYE BANTU ZHONG JUEQI DE 30 WEI MENTU

| | |
|---|---|
| 出 品 人 | 聂雄前 |
| 策　　划 | 华晟文化 |
| 责任编辑 | 南　芳　熊　星 |
| 责任校对 | 杨华妮 |
| 责任技编 | 郑　欢 |
| 装帧设计 | 知行格致 |

| | |
|---|---|
| 出版发行 | 海天出版社 |
| 地　　址 | 深圳市彩田南路海天综合大厦（518033） |
| 网　　址 | www.htph.com.cn |
| 订购电话 | 0755-83460397（批发）　83460239（邮购） |
| 设计制作 | 深圳市知行格致文化传播有限公司 Tel：0755-83464427 |
| 印　　刷 | 深圳市华信图文印务有限公司 |
| 开　　本 | 787mm×1092mm　1/16 |
| 印　　张 | 16 |
| 字　　数 | 198千字 |
| 版　　次 | 2019年2月第1版 |
| 印　　次 | 2019年3月第2次 |
| 印　　数 | 5001—10000册 |
| 定　　价 | 58.00元 |

海天版图书版权所有，侵权必究。
海天版图书凡有印装质量问题，请随时向承印厂调换。

## 王宁

### 未来不缺工程师，但缺我这样的古琴匠人

34岁时，王宁放弃了高薪，从华为辞职创业，开起了古琴工作室。曾经立志做一名"通信人"的他，随着事业的发展却感到自己越来越像是生产线上的"螺丝钉"，于是他重新拾起了自己一直以来的爱好——古琴。在他心中，或许未来不缺他这样一个工程师，但缺少像他这样的古琴匠人。

## 姜天露

### 昔日华为金牌讲师与雾霾杠上了

在华为员工和运营商中曾流传着一个决不裸奔的励志故事，主角就是姜天露。他曾在华为工作16年，是华为的金牌讲师。2012年，姜天露离职，成为一位连续创业者。如今投身到北京抗霾事业的这位前华为老将，能否在新风净化领域掀起一股新浪潮？

## 刘海清

### 这位川籍 IT 老兵跑到崇明岛开了个农庄

刘海清自称"海清大叔",这位在华为待了 14 年的 IT 老兵跑到崇明岛开了个农庄,还研发出了一种岛上特有的酒"花间卿"。如今这个农庄不仅成为华为人聚会的固定地点,也在岛内外很有名气。海清大叔说,这是一个 IT 老兵的乌托邦。

## 陆强

### 教育培训成为这位华为工程师人生的下一站

他曾一直觉得自己是一个工程师,这是华为给他贴上的标签。在华为 8 年,他赶上了华为的大发展,与一批优秀的伙伴做了很多有意义的事情。没想到,教育会是他人生的下一站,2007 年陆强创办"淘课网",2014 年又推出了"培训宝",如今客户已遍布全国。

## 李建勇

### IT 男做起高端西服定制，靠的是什么？

2011 年，李建勇离开了华为，那时他 34 岁，是市场部的高级营销经理。"在华为时，大家穿衣服确实都不太讲究。"离开华为后，李建勇创业做起了男装生意，从事一家意大利男装品牌 Larnidi 的私人定制服务。对这一行他很有底气，"我靠的是口碑和圈子。"

## 陈国龙

### 这些年他花心思最多的是北京华友会

离开华为后，他曾在中国电信、海航通信等公司任职，如今创立自己的通信网络公司。不过这几年，他投入最多的还是华友会。2011 年，陈国龙从张利华手里接棒，担任北京华友会会长。在他的组织下，集聚了 2000 多名华友，他说："在这里，工号、职级都成了过往，我们提倡建立一个真心、平等、交心的圈子。"

## 金颖

### 他在西子湖畔专攻"无人机克星"

2008年离开华三通信后,金颖成为一位连续创业者,并曾服务于HP、Intel等国际一流企业。这位颇有文艺气质的工科男如今在西子湖畔做一个很酷的创业项目——"无人机管控",目前已完成A轮融资。身为浙江华友会会长的他,广搭平台让不同领域的华友快速熟络、自由连接。

## 冯建林

### 瞄准前沿科技的水瓶座投资人

"跟很多人不同,我的人生就是一条单行线,很多事是由环环相扣的内心所串起来的。"从华为离职后,冯建林成为连续创业者,他是较早玩微信和公众号的那拨人,也很早就玩起O2O运营。如今的冯建林是个忙得马不停蹄的投资人,一年到头全国各地飞。不过他只聚焦自己感兴趣的人工智能、云计算、物联网等科技前沿领域。

## 宋允辉

### 这位女将把华为模式带给更多民企

因为一次与华为人事在飞机上偶遇,宋允辉从中兴被挖到华为。在华为,她是为数不多的高水平企业质量管理人员"六西格玛黑带"之一。"华为只有一个,但中小型企业有千千万万家。"如今她要做的,就是将华为更科学的管理模式,传授给更多的民营企业。

# 俞渭华

## 华友会"首席服务员"的朋友圈

身为华友会会长,俞渭华自称"首席服务员"。这么多年,他的重心一直很聚焦——华友,以及与华友相关的事。"首席服务员"的人气很旺,他在朋友圈发布创投戈壁行的众筹帖,仅仅五个半小时,就众筹成功,排名第一。他说:"我已经坚持了10年,定个小目标,再干10年,干到华友会成立20周年再退休。"

# 刘建云

## 外派国家波兰成了他创业的大本营

当年他被华为派遣到波兰,负责企业无线产品的销售,本以为自己就是个匆匆过客的刘建云没有想到,日后有一天,自己的事业会在这个中欧国家开花结果。2015年,刘建云做起波兰留学咨询服务,很快在业内获得不错的口碑,在中波文化交流这块领域播下了种子。

## 翁震鸣

### 当年他是拿下华为第一单葡萄牙合同的"大将"

在华为,能外派海外近10年的,不算多。在华为,离职后还做通信行业的,也不多。这两样翁震鸣都占了。凭着"不计代价打山头"的精神,他和团队签下了华为在葡萄牙的第一单,在整个欧洲也业绩斐然。如今,他是西班牙华人通信运营商友谊通信公司的CEO,并与华为开展了深度合作。

## 张志强

### 半年华为经历给这位"90后"创业者留下什么?

这个1992年出生的小伙子,是30位采访对象中唯一一名"90后"。他的身上挂着太多让人艳羡的"标签":清华毕业、就职华为、穷游全中国……每一样都足够拿出来说上半天。现在,他把自己称为"连续创业者"。半年的华为工作经历,给这个小伙子留下了怎样的宝贵财富?

## 张利华

### 当初她提议立项手机,任老板曾当众拍桌子

以撰写《华为研发》闻名于圈内外的张利华,离职后走上了管理咨询这条路,将华为经验传递给更多中国企业,她说,我见过很多公司开花结硕果,也见过很多公司跌倒。华为的冬天并不是历史,当下也在时时上演,关键是我们能从中得到什么启示和学习经验。

## 罗中非

昔日金茂大厦的"码农",
如今西子湖畔的"庄主"

浙大毕业的罗中非曾在上海金茂大厦埋头写代码数年,后来回到杭州。如今他的身份多元,开酒店、做民宿、搞投资,还是浙江华友会秘书长,他为浙江的华为离职人员提供社群服务。"你不组织这个社群,你不知道它的能量有多大。"

## 刘南杰

这位华为"蓝军"前参谋长深耕车联网

刘南杰是华为公司的第一位空降兵,10多年来他参与并见证了华为历史上诸多精彩的战略发展大手笔。8年前,这位华为前首席科学家一头扎进汽车互联网行业,通过车载智能终端+移动互联网的软硬结合模式搭建了一个车联网平台。

## 颜迎春

### 弃百万年薪转做山间"放牛郎"

曾经在华为,颜迎春被同事叫作"颜总",离开华为,他依然被人唤作"颜总",只不过他所掌管的,由一帮"IT男"变成了7名工人和300多头牛,还有贵州山间一片100多亩的农场。漫步于葱翠欲滴的青山,呼吸着清新扑面的空气,远离城市的喧嚣,颜迎春在这里找到了属于他自己的田园牧歌:"养牛,做农业,其实很有意思!"

## 戴辉

### 当年他在菲律宾拿下马尼拉5000万美元项目

戴辉在华为工作了逾16年,8年海内外一线销售,8年全球战略、产品线业务发展和投资并购,对GSM,以及后续的3G、4G海外拓展史熟稔在心。离开华为后,戴辉成了独立投资人,专攻高科技领域。笔耕不辍的他正用文字梳理华为岁月。

## 朱波

### 华为的互联网之梦绕不开这位投资"大咖"

作为南派天使投资人的典型代表,朱波曾投资过兼职猫、次元仓、礼物说、超级课程表等"90后"项目,也投资过昆仑万维、暴风影音、易宝支付等"70后"项目,如今主攻区块链项目,可谓投资界的一大风云人物。在其绚丽多姿的创投生涯中,有一段经历颇为低调,即4年的"华为人"。

## 孙进进

### 这位老华为人创业路一走就是20年

说起华为工号63号的孙进进,华友都称是一个传奇。这位老华为人在上海创业近20年,虽不显耀,却也一直"活"得挺好。这两年他新招了一支"90后"队伍,用"软件积木"的方式建了多模块化的管理系统,助力企业办公无忧。

## 苏磊

### 游历 25 国后他转投环保事业

苏磊在华为的时间不长，却见证了华为在乌克兰的飞速发展。"如果再给我一次机会，我觉得在华为挺好的。"打开苏磊公司的官网，在"企业文化"那一页中，三个小标题十分醒目：以客户为中心、以奋斗者为本、以结果为导向——这恰恰契合了华为的企业文化。现在，这个北方汉子扎根浙江，做起了垃圾分类，"这是真正可以为子孙后代谋利益的事。"

## 李斌

### 这位华为老将站在了耳机行业的风口上

在华为工作了 16 年的李斌，曾是华为商用 GSM 和商用 UMTS 首版本研发团队成员，也是华为首个 UMTS 商用合同的行销项目负责人，足迹遍布 26 个国家和地区。2014 年，他离职创办"东方酷音"，目前已成为全球顶级互联网公司的产品供应商。"离开华为后，我才觉得更需要华为文化。"

## 鲁青虎

### 他跑去凤凰山里办了个书院

因为一次参观中偶然听到了任正非的演讲，鲁青虎成了"任总的粉丝"，任正非的每篇文章，他都如数家珍，华为的文化，也已深入骨髓。告别奋斗16年的华为，他在深圳凤凰山间开办起国学院，让中华传统优秀文化润泽大众。

## 熊伟

### 从达晨"净身出户"创办"千乘资本"

加盟达晨创投后，熊伟曾以最快的速度升为"达晨合伙人"。一年多后他就放弃了即将到手的千万奖金，"净身出户"创办自己的企业"千乘资本"。历经了就业、创业、投资、再二次创业的职业周期后，熊伟依然感怀他的第一份工作，"华为打下了我职业生涯的底色，那是一段激情燃烧的岁月。"

## 罗勇

### 创业后他用上了自己当初研发的芯片

对华为或半导体行业稍有了解的人，都知道"海思"——这是华为于2004年成立的半导体公司，多年来专注于芯片领域的研发。罗勇所在的部门正是海思的前身。他参与并见证了"海思"从最开始的模仿，到实现了自主创新，最后成为行业领跑者。现在，他创业做起了行车记录仪"盯盯拍"，将华为文化融入企业管理，也在向着行业领跑者的目标快步前进着。

## 季昕华

### 这位传奇"黑客"致力于"中立云"开发

曾叱咤黑客江湖的季昕华，是"中国首代黑客代表人物"。他曾以网络安全专家的身份先后入职华为、腾讯和盛大。2011年，季昕华与好友一起创办UCloud，致力于做云服务提供商，这家崛起于上海的独角兽公司，是目前世界上最大的中立云服务公司。

## 李昀凌

### 他签下了华为海外第一张订单

20年前,李昀凌作为华为员工被派驻巴基斯坦,促成华为在国际电信展上的首次亮相,并签下了华为海外第一单,这为华为海外拓展打开了局面。如今他作为创业者回到巴基斯坦,开办国际公司为当地企业提供信息化服务。

## 刘博宇

### 26岁时他已成华为中亚地区最年轻的管理者

刘博宇最初作为文科生进入华为,凭借语言优势和一股韧劲,一路技术通关,26岁时他已成华为中亚地区最年轻的管理者。如今他回到自己熟悉的中亚,创办安防领域的高新技术公司,团队一大半都是之前的华为人,因为创业领域偏向基础研究,且技术领先,在国内几乎没有竞争对手。

## 徐渊

### 很少表扬员工的任正非，当年为何在董事会上点了他的名？

熟悉华为的人都知道，很少有员工能得到任正非的点名表扬，但时年仅有 26 岁的徐渊做到了。他曾在斯洛文尼亚白手起家，卖出了华为第一部 3G 手机。现在，他担任北京数字一百信息技术有限公司的副总裁，为华为、亚马逊、腾讯等众多知名企业提供数字化网络调查和市场咨询服务。

## 姚旻汐

### 这位海归美女把华为基因融入酸菜鱼，做成轻奢"网红"

这两年，深圳的繁华商圈中又多了一家有特色的"网红"餐厅——姚酸菜鱼。它的创始人姚旻汐，是一位曾在华为工作过的海归美女。"从华为背景创始人的管理能力应用，到餐饮行业的降维打击。"这是投资人对姚酸菜鱼的评价，在获得数千万元人民币融资后，姚酸菜鱼成为国内首个获得资本的酸菜鱼单品连锁餐饮品牌。

>>> 序一

华为无疑是中国企业的一个奇迹。

华为的创新之道、华为的企业文化，显然已成为一种传奇，被广为传播。

传奇背后是什么？当为人。华为人创造了别具一格的创新文化，而这种文化又沁润着每一位华为人，激发他们创新创造，去追逐心中的梦想。在职的华为人创造传奇，而离职的华为人也一样抒写精彩。这个有着 16 万众的华为离职群体，自诩"华友"，足迹遍布世界各地，创业涉及通信、金融、咨询、互联网以及农业、文化等诸多领域。他们虽然不再是华为人，但都珍藏着当年的华为工号，镌刻着华为的基因，在新的天地续写着华为故事。

这群离职的华为人，为我们打开了观察华为、了解华为的另一个视角。而我们的记者能把采访的视线延展到这群离职的华为人身上，当归之于报社从 2016 年开始的"深度融合、整体转型"的媒体融合改革，也可谓之一次创新。改革为编辑、记者打开创新的空间，鼓励大家自主申报"上观新闻" App 上的专栏。因而，创新的热情被点燃，一批编辑、记者以专职或兼职主编的身份创造了一批专栏，丰富了曾为纸媒所限的新闻内容，拓展了关注社会、观察世界的视野。"十二公民"栏目，即是其中富有特色的一个，这个栏目主打人物，以人说事，这里的人物不显赫、少大牌，但都有声有色、各有各的精彩，"华为离职江湖"系列当是其中较为出彩的一组报道。

历时大半年，记者采访了30位华为离职员工，他们有的在国内深耕，深圳、北京、上海、杭州、南京、贵州等城市有其足迹，有的在海外创业，波兰、西班牙、哈萨克斯坦、巴基斯坦等国家有其身影。他们的年龄，在20多岁至60岁间，有"80后""90后"，也有"60后""70后"，工号跨度从2位数到6位数，分布于华为公司发展的各个阶段。

这30位华友的故事有共性更有个性，可以说是16万华为离职员工的生动缩影，透过记者的笔触、当事人的回忆，那个不太为外人所知的华为世界变得清晰、有血有肉起来。从中，我们读到了许多鲜活、感人而有意义的奋斗故事，体悟到华为的文化与价值观，感知了华为的发展秘诀、成长之路。此外，这些故事还为更多的创业者打开一扇窗口，从中也许能品味这群怀揣梦想的人，曾经经历或正在经历的职场迷茫、转型困惑、发展艰辛和成功甘甜。

这群被采访人从华为离职时，年龄处于35岁上下，正是年富力强时，也是中年危机的高发期。华为的职业经历给了他们经验和勇气，但优势也可能成为劣势。华为不提倡个人英雄主义，而是强调群狼作战，讲究的是团队协作，每个人就是一颗螺丝钉，而一旦他们离开华为这个大平台，单枪匹马地闯荡时，之前的经验可能不管用。在这样的情况下，这些华为人如何开拓新的一片天地？记者通过深入采访，叙述他们的探索和奋斗经历，这或许能引起同样处于中年危机中的人们的共鸣并提供借鉴；他们的转型和成长，也会给同样豪情壮志者以信心和鼓舞。

虽然这组系列采访，记者的采访时间之长、广度之大，超出以往，但也仅仅是挖掘到华为系的神秘一角，远远不能涵盖华为系的广度和深度。但我们希望管中窥豹，能从点点滴滴的个体故事，去透视一个企业的发展、一个时代的变迁。这组系列报道如今集辑出版，离不开"十二公民"栏目主编和相关记者的努力，也得益于被采访者对我们记者的信任，是他们敞开心扉，让受众分享他们的人生故事。这次采访策划的成功，源自孜孜以求、创新不息的华为系被采访人，也源自正在融合转型路上追逐新闻理想的媒体人。

创新永在、梦想永在！

缪毅容

解放日报社副总编辑

>>> 序二

从一篇篇记者采访到集辑成书,还让我写推荐序,是荣誉也是鞭策,该写些什么来作为本书的推荐序呢?我想了四个词,表达我推荐本书的核心想法。

第一个关键词是华为DNA。我1993年加入华为,工号680,2001年离开华为,到今天,不论是在华为工作还是离开华为,时间上都超过8年。时间真的过得很快,不论是在华为期间跑市场还是在华为创立营销干部培训中心(华为大学前身),华为的烙印都深深刻在我的身上。在2007年,一个偶然的机会,我加入华友会创立核心团队,到今天担任华友会会长——"首席服务员"之后,见过更多前华为人,他们几乎和我一样,华为的烙印刻在身上,从价值观到行为,再到对工作和事业的认知,几乎一模一样。这个现象就是华为DNA。我的好朋友深圳海江私董学院院长殷海江说过,他接触华友上千了,很少见到对老东家华为有微词的华友,除了感谢就是对华为DNA的践行。华为DNA是什么?其实就是华为三个核心价值观:认知、认可和认同,即以客户为中心、以奋斗者为本、长期坚持艰苦奋斗。没有在华为工作超过5年,华为DNA不会铭刻在身。所以说,回首离职华为10多年,DNA至今流淌。

第二个关键词是感恩。在离职后，努力奋斗离不开当年华为工作历练。华友会有超过几万名前华为人加入，接触多了，就会发现大家虽然离开华为多年，可是在职场或者创业所凭借的能力与素质几乎都是在华为期间打下的基础。或研发岗位，或销售岗位，或人力资源，或……不一而足。我还有个发现，在中国500强企业中，超过50%的企业的HR都有华友的影子，毕竟华为在职与离职员工超过30万了。和这些华友聊天、喝茶可以知道，在华为严密和科学的组织分工下，每个在职华为员工都会有长足进步的空间。这里还是要提一下华为大学，它是华为优秀干部的摇篮。在华为人力资源体系下，除了华为大学，还有全球近30个培训中心，从而形成全面、系统和梯次性的人才培养体系。我们华友都是华为强大人才培养体系的受益者，所以除了感恩，还能说什么呢？

第三个关键词是修炼。离开华为了，大家在做什么？基于我是华友会会长的原因，我接触和了解了大量华友的工作情况，创业的和职业发展的都很多。对于职业发展的华友来说，由于企业文化的原因，华友进入一家新的公司，需要做出一些改变，需要去调整自己的心态。而对于创业者来讲，综合来看，在今天喧嚣的中国创业大潮中，华为系创业企业能在短时间爆发的不多，不像BAT（B，百度；A，阿里巴巴；T，腾讯）系呈现龙腾虎跃的模式。我在思考为什么这样？从企业规模和企业类型来看，华为属于工业高新企业，规模大，人数多，必须采取类工业化作业流程模式，这意味着华友在华为工作岗位上专业能力突出，但综合能力是短板。不像BAT系，在规模和人数方面，与华为较之要少。而创业对综合能力要求极高，对于华友来讲，离开华为创业是个人综合能力新修炼的开始。

第四个关键词是期望。今天乃至以后，做企业要有生态思维，在生态中，每个企业可以在细分领域深耕细作，可以聚焦垂直，形成独特核心竞争力，这是时代发展的要求。2018年4月，老东家华为重新勾勒新愿景与使命，任总谈话讲到华为未来必须在各个主航道有成为第一的决心。这个消息对华友来讲就是好消息，那么我们该做些什么，和老东家一起茁壮成长？基于对华为的了解，我希望华友们在几个方向深耕、发力：物联网、云、移动互联网技术等，这样一定会迎来美好的明天。

啰唆这么多，还是回归本书，一篇篇很真实的华友创业故事，一段段很朴实的华友创业心得。这些是华友创业的所思所得，也是华为离职大军的一个侧影。这些侧影会勾勒出一幅幅可思可想的华友创业经历，是成功的经验，也是对老东家华为的致敬，因为难得有本书会瞄准中国最优秀的民营企业离职员工的大画面描绘，读这本书一定不会让您失望。

最后要感谢《解放日报》这几位记者，感谢出版社，感谢朋友们对华友会的支持，让我们这些离职的华为人也从更高维度和更宽视野看待发展：与老东家一起迎来物联网组成的新世界！

俞渭华

>>> 序三

# 高薪、狼群和精神家园，
# 16万离职员工心中的华为是什么样

文／王海燕 吴顿

你有没有见过这样的组织，即使至今还没有被老东家承认，他们却以老东家为荣，矢志不渝地惦念着、传播着、践行着老东家的文化理念？

这个组织叫"华友会"，他们的老东家，就是"华为"。

2017年，我们采访了30位华为离职员工。他们遍布深圳、北京、上海、杭州、南京、贵州、常州等各个城市，还有人定居波兰、西班牙、乌克兰等国，年龄从20多岁到60岁之间不等，工号跨度也从2位数到6位数，分布于华为发展的各个阶段。

这30人是16万华为离职员工的一个缩影，他们各有各的故事，有人激情创业、有人回归乡野，有人另起炉灶、有人还在"折腾"……透过他们的回忆、讲述，那个低调而神秘的华为世界逐渐地清晰，散落在各处的华为版图变得完整起来。

不管身在何处，不论怎样打拼，他们身上挥之不去的，是深深的华为烙印。

## 高收入与高压力

在外界看来,华为几乎和高收入画上了等号。采访中,几乎每个华友都会谈到待遇。很多人坦言,当初就是奔着高薪去的。

到底有多高的收入?当年鲁青虎辞去国企"铁饭碗"转投华为,就是被任正非一番话击中。在深圳南山咖啡馆,鲁青虎描述起那一幕。

那是在1996年,任正非对着一众年轻员工许诺:"你们如果要买房,一定要挑大阳台的。因为今后发给你们的钱用不完,老搁在床底下会发霉,要经常拿到阳台上晒一晒。"

任正非接着说:"我们每卖出一台设备,都是在直接爱国,如果外企程控交换机一线卖2000元,华为卖1000元,这样可以直接节省外汇,实干兴邦。我们还要把设备做到全球。现在他们在我们家门口竞争,以后我们要到他们家门口去竞争,把五星红旗插遍全球!"

这两段话,将鲁青虎圈了粉,用他自己的话,"讲到了心坎里"。16年后鲁青虎离开华为,在深圳凤凰山里开了家书院,以儒学专家的身份讲他热爱的华为文化。当年任老板这番话,他这么解读:"这不正是《大学》中的'齐家,治国,平天下'嘛。"

"力出一孔,利出一孔",这正是华为的价值观,也是任正非作为一位企业家的胸襟。在财富分配问题上,任正非善于分享、舍得分钱,他有一句话:"华为20多年来成功的秘诀就是'分钱',把钱分好,很多问题都好解决。"

华为招募的员工,大多来自"985""211"高校,不少人是贫家子弟,他们希望通过自我奋斗,改变命运。任正非的话虽"土"了点,但朴实有力,直入人心,吸引一波波学子热烈回应。华为无疑给他们提供了最佳的职场机会。在波兰从事留学咨询服务的刘建云告诉我们，原先在中兴各种小计较，到了华为，就不再关心自己的工资条，因为他相信公司是绝对不会亏待他的。

而当年任正非许下的诺言也都兑现了。根据华为的2016年年报记录，销售年收入5215.74亿元人民币，17万员工的平均薪酬约为63.1万元人民币。据华友回忆，即使在华为的"冬天"，华为自身资金周转困难的时候，很多员工离职拿到的金额比他自己算出来的还要高。

不少华为人在工作期间积攒收入买了房，甚至有人笑言，如果当年公司置业在南山，而不是坂田，那么他们积累的财富要更可观。

而高收入的另一面是高压力。

工作强度大，条件差，不归家，连轴转，这也几乎是每个华为人的工作常态。有人感叹，"工作节奏很快，都不好意思按时下班，就像在高速公路上开车，你不动，后面的人都在按喇叭，你只能硬着头皮前进。"

很多人还主动申请，要去"艰苦地区"，如果公司派你去海外，你犹豫，在华为是没有前途的。不少华为人多年在海外，都不能回一次家。若是去了非洲等地，可能还要面对疟疾和战争的危险。可能你难以想象这样的场景：他们正在办公室工作，突然联合国的人冲进来说要打仗了，几分钟内，雇佣兵就开着装甲车把他们带走，过一两天回来，办公室、公寓里，墙壁上、家具上满是枪眼。

牺牲家庭，也是华为人所要承担的。公司一度有不少苛刻的规定，如夫妻双方不能同时在公司，你的女朋友或家人在哪，就不会派你去那里常驻。

但功不唐捐，"以奋斗者为本，不让雷锋吃亏"，这是华为企业文化中一以贯之的重要内容。任正非说过，要以贡献来评价薪酬。其实不仅仅是华为，腾讯、阿里、百度……这些创业公司也都崇尚加班文化，强调奋斗者文化。

当中其实有个"小平衡"和"大平衡"的考量。短时间内的作息小平衡，不一定会带来长期的大平衡。现在轻松惬意地"朝九晚五"，可能 10 年后等待你的，就是中年危机。而现在的努力奋斗，也许可以换来人生下半场的财务自由，以及日后从容选择的机会。

个人如此，公司亦如是。华为的成长史，就是一部追赶史、超越史。一开始必定要多付出一些，否则面临的就是被赶超、被淘汰。那些出征海外的华为人感受尤其明显，中国的一年可能追赶美国三年，这都是兄弟们用汗水换来的。

想通了这些，心态会更平衡，对"以奋斗者为本"的文化也更能心领神会。所以，为什么离开华为的人都没有多大怨言，因为华为的规则是很清晰的，愿赌服输，华为是一个讲信用的地方。

## 螺丝钉与狼性文化

通信圈内一度流传着这样的故事，一位在上海金茂大厦上班的华为人赶时间叫了一辆出租车，司机一路开车一路打量着他，快下车时忍不住问："你们金茂大厦的保安，多少钱一个月？"

"你知道吧，进出金茂的人，西装笔挺的，肯定都是搞金融的。穿得比较像民工的，肯定都是华为的。"每次说起这个梗，李建勇总是忍俊不禁。离职后他做起了高级西服定制生意，自己却依然是一副很"华为"的打扮。

的确，华友们大多朴素，聚会上他们大多寡言少语，衣品低调，甚至有些不修边幅。可你还是会认出他们，可能是因为他们身上还隐含着的那股"狼性"，那种骨子里不达目的不罢休的韧性。

何为狼性？追根溯源，还得说到任正非。1997年，他写了一篇题为《华为的红旗到底能打多久》的文章，提出要建立一支"狼性文化"的团队。

"狼性"，是一种奋不顾身。只要是华为想干的事，就一定要超越对手。据东方酷音创始人李斌回忆，当时华为和中兴争夺校园网，李斌就对那些学生讲，华为永远争第一，没有第二。为达目标，他们不计代价，这也许是与任正非的经历和背景有关，公司上下都爱将攻坚克难比喻为"打山头"，翁震鸣至今还记得在欧洲开拓市场时的经历，有个项目被确定为关键项目，任正非对大家说，"不管用1颗炮弹，还是6颗炮弹，你只管把山头打下来！"

"狼性"，是一种百折不挠。任正非曾说："为什么我的能力比你强，是因为我经历的挫折比你多。"他的另一句名言是，"烧不死的鸟是凤凰。"起初听到对方曾在华为几次被降职，还以为他混得不好，结果发现，恰恰是那些骨干被"折腾"得最厉害，几乎所有的高层管理者都不是直升上去的，今年你是部门总裁，明年可能就成了区域办事处主任，后年可能又到海外开拓新的市场。华为干部能上能下、几起几落，要经历任正非所讲的"凤凰涅槃"过程，必须经过磨难和洗礼，才能走向更远的道路。

在奋力拼杀的过程中，华为给他们提供了大舞台，许多人年纪轻轻就已独当一面，掌管着几十亿资金的大市场。网易云高管张波说，当年他在欧洲接待的都是类似邮电部部长这一级别的人物，对方年龄一般都50岁以上，而他那时才30岁，大场面开阔了视野，这种机会不是每个企业都能提供的。

但"狼性"也意味着淡化英雄，群狼作战，讲究的是团队协作。海外团队在当地开拓市场，国内的技术人员也会前往海外提供支持，这才有了华为以"7×24"的优质服务从知名外企手中"虎口夺食"的赫赫战绩。不少人通宵召开越洋电话会议，虽然有10多个小时的时差，却无人心存不满。这就是他们成功的秘诀，看似平淡无奇，却是说易行难。华为不提倡个人英雄主义，而是发挥平台的作用，每个人就是一颗螺丝钉，所以他们也是低调隐忍的。这也和任正非的性格一脉相承。

在和这些离职员工的对话中，任正非的形象也变得丰满起来。

外人看来，他不爱交际，躲着媒体。有人递名片给他，他也不回，即使回，也就是简简单单一张纸，上面只写着"任正非"三个字。

员工眼中的他是那般亲切，鼓舞人心。任正非见谁都是讲鼓劲的话："好好干，未来很好。"工号63号的孙进进这样说起最初的那段打拼岁月："他记性非常好，很多人见过一次，第二天马上能叫得出名字。晚上加班，他会亲自数人头，安排司机去采购面包、牛奶和夜宵，发给加班的员工。"

有时，任老板也是情绪化的。当年张利华在会议上重新提议开发华为手机，任正非当场拍桌子反对。一场硬仗没打下来，他也会急得骂人，任正非说过，自己曾焦虑到得了抑郁症，彻夜睡不着觉，泪流满面，多次觉得华为可能过不去这个坎了。

更多时间里，这是一位爱学习的老人。60多岁了，他还在学习外语，在办公室里高声朗读。坂田那些中外科学家的路名都是任正非命名的。他说过："如果是坐两个半小时到北京的飞机，我至少看两个小时的书。我这一辈子晚上没有打过牌、跳过舞、唱过歌，因此我才有进步。"

更不用说，他的每篇文章，都像一面战鼓，激励鼓舞着公司上下的每个人。任正非让很多人对他有一种由衷的崇拜，这并不是靠公司政治的手腕，也不是靠驾驭人际关系，而是靠战场上的常胜不败。你跟着的将军总是可以准确指出方向和问题，总是打胜仗，怎么能不服？

## 花瓣与花朵

在深圳南山区采访李斌时，他动情地用过一个比喻——"当花瓣离开花朵"。起初不甚明白，后来才意识到，华为的 Logo 正似一朵花，8 片火红的花瓣由中心向外绽放，这既是华为"以客户为中心"的聚焦，也是华为人对公司的眷恋。

这是一种难以割舍的感情。李斌说，离开华为后，他才发现更需要华为文化的滋养，任老板当初讲的话，如今感同身受，句句金玉良言。

很多创业公司依然保持着华为的印记，招兵买马也不由自主地向华为人倾斜，他们说："价值观相近，容易沟通。"后来被华为出售的华三通信，如今就依然保持华为的基因：每一名新员工，都能收到公司发的睡垫；员工升迁考评遵循严格的技术导向；每过一段时间，公司都会组织员工开展民主生活会……甚至是华三创始人郑树生对媒体的低调，也与任正非毫无二致。

也因为华为，华友们也特别容易聚在一起。有段时间，有关华为裁员的传闻甚嚣尘上,北京华友会会长陈国龙坐不住了:"我很想告诉那些34岁以上、可能被华为清理的老员工,还有我在义务地服务你们,别担心,天地宽广!来跟我一起组织好北京华友会,抱团取暖,助人助己。"

华友会也是个颇有趣的组织,它和腾讯、阿里等离职员工组织不同,如果说这些离职员工组织更像是个资源互通的平台,华友会则多了些同学会的味道。虽然也经常搞行业分享会,但是并不热衷于融资,"我们就是一个公益的非营利组织,实行AA制,如有剩余,就捐给前华为人慈善基金。"华友会会长俞渭华说。

虽说原先大家未必相互认识,如今也在各自忙碌,可华友会的感情依然深厚,维系这份感情的纽带,不是利益,而是对华为的关注、对华友的亲切。陈国龙说,有华友兄弟告诉他,平时见外人,要琢磨一下该说什么话,但和华友就不用——都是自己人。

陈国龙也曾参加过几次华友聚会。有一次,俞渭华来上海,30个华友发起一次聚会,席间大家最热衷聊的就是任正非致歉一名离职员工的新闻。当时,这则新闻还未成为"热搜",这些离开华为好些年的人第一时间在"心声社区"读到后,纷纷感叹,又不免猜测:"任老板为什么这么说,他在想什么呢?"

任正非在想什么呢?这些离开花朵的花瓣,依然时时在意着老东家的一举一动,翻看他们的微信朋友圈,毫不意外会发现不少华为的影子。曾空降华为4年的追梦者基金创始人朱波,说起身边的华友,有点恨铁不成钢:"几个华为人坐在一起,我就知道他们在聊什么,聊的就是那'一亩三分地'。"

但也别小看了这"一亩三分地",这是这帮华友的"前半生",也有可能还是"未完待续"。有人现在成了华为文化的践行者，有人成了华为的客户，还有人则对华为有些新的期待。李斌说："你知道吗？我们在等待更大的江湖，哪一天，华为真正发自内心开放了，成为更伟大的公司，也许就不仅'能上能下'，而且还'能进能出'。"

　　花瓣依然想着回归花朵。

CONTENTS

# 目 录

| | |
|---|---|
| 王宁：未来不缺工程师，但缺我这样的古琴匠人 | 文 / 吴頔 / 001 |
| 姜天露：昔日华为金牌讲师与雾霾杠上了 | 文 / 王海燕 / 007 |
| 刘海清：这位川籍IT老兵跑到崇明岛开了个农庄 | 文 / 王海燕 / 013 |
| 陆强：教育培训成为这位华为工程师人生的下一站 | 文 / 谢飞君 / 019 |
| 李建勇：IT男做起高端西服定制，靠的是什么？ | 文 / 吴頔 / 026 |
| 陈国龙：这些年他花心思最多的是北京华友会 | 文 / 王海燕 / 030 |
| 金颖：他在西子湖畔专攻"无人机克星" | 文 / 王海燕 / 038 |
| 冯建林：瞄准前沿科技的水瓶座投资人 | 文 / 谢飞君 / 043 |
| 宋允辉：这位女将把华为模式带给更多民企 | 文 / 吴頔 / 050 |
| 俞渭华：华友会"首席服务员"的朋友圈 | 文 / 王海燕 / 057 |
| 刘建云：外派国家波兰成了他创业的大本营 | 文 / 王海燕 / 067 |

| 翁震鸣：当年他是拿下华为第一单葡萄牙合同的"大将" | 文 / 吴頔 / 074 |
| 张志强：半年华为经历给这位"90后"创业者留下什么？ | 文 / 吴頔 / 081 |
| 张利华：当初她提议立项手机，任老板曾当众拍桌子 | 文 / 王海燕 / 088 |
| 罗中非：昔日金茂大厦的"码农"，如今西子湖畔的"庄主" | 文 / 王海燕 / 096 |
| 刘南杰：这位华为"蓝军"前参谋长深耕车联网 | 文 / 王海燕 / 103 |
| 颜迎春：弃百万年薪转做山间"放牛郎" | 文 / 吴頔 / 111 |
| 戴辉：当年他在菲律宾拿下马尼拉5000万美元项目 | 文 / 王海燕 / 119 |
| 朱波：华为的互联网之梦绕不开这位投资"大咖" | 文 / 王海燕 / 126 |
| 孙进进：这位老华为人创业路一走就是20年 | 文 / 谢飞君 / 134 |
| 苏磊：游历25国后他转投环保事业 | 文 / 吴頔 / 140 |
| 李斌：这位华为老将站在了耳机行业的风口上 | 文 / 王海燕 / 149 |
| 鲁青虎：他跑去凤凰山里办了个书院 | 文 / 吴頔 / 158 |
| 熊伟：从达晨"净身出户"创办"千乘资本" | 文 / 王海燕 / 167 |
| 罗勇：创业后他用上了自己当初研发的芯片 | 文 / 吴頔 / 175 |
| 季昕华：这位传奇"黑客"致力于"中立云"开发 | 文 / 王海燕 / 181 |
| 李昀凌：他签下了华为海外第一张订单 | 文 / 王海燕 / 188 |
| 刘博宇：26岁时他已成华为中亚地区最年轻的管理者 | 文 / 谢飞君 / 196 |
| 徐渊：很少表扬员工的任正非，当年为何在董事会上点了他的名？ | 文 / 吴頔 / 202 |
| 姚旻汐：这位海归美女把华为基因融入酸菜鱼，做成轻奢"网红" | 文 / 吴頔 / 210 |
| 后记：16万前华为人都去哪里了？华为独狼创业图谱大揭秘 | 文 / 王海燕 / 215 |

# 王宁

## 未来不缺工程师，但缺我这样的古琴匠人

文 / 吴頔

夕阳西下，王宁站在小院门口，迎着自己的两条狗回家，门前的乡间小道偶有车辆驶过，掀起一阵尘土。2016年年初，王宁租下了这间位于北京房山琉璃河的农家院子，开起了斫琴工作室，过上了前院斫琴、后院种菜的生活。

"做古琴行业后，总被叫'王老师'。小的这么叫，老的也这么叫，这不是折我阳寿吗？"3年前，王宁的身份还是华为移动综合部的部长，被客户、同事唤作"王工""王经理""王部长"，工作变了，称呼也不同了。

随之改变的还有心态。刚辞职时，突然减少的电话量，让他一时有些无所适从——总觉得手机在响。在华为工作8年间，王宁的手机每天都保持着24小时开机的状态。现在，他已习惯晚上关闭手机，不再设定闹钟，听从生物钟的安排。

"华为在我心目中仍是中国最优秀的企业之一。"34岁放弃了高薪，从华为辞职创业做古琴，王宁觉得自己很幸运："任正非40多岁才创建华为，他一定羡慕我们这些才30多岁就出来创业的。"正值年富力强、又有了一定人生阅历的年纪，何不早点规划一个能干一辈子的工作呢？

## 不想做《摩登时代》里的螺丝钉

在 18 年前高考时，王宁曾想过，要一辈子做一个"通信人"。

彼时，通信工程是一门非常前沿的学科，国内开设这门学科的大学仅有北京邮电大学等寥寥几家，"非通信工程不读"的王宁最终选择了远走成都，就读西南交通大学。2006 年，硕士毕业的他顺利进入了华为。

几年时间中，王宁的脚步遍及深圳、福建、南京，从一名国内市场部的培训生，一步步成长为一名业务骨干。在华为南京代表处，他先后与联通和移动进行项目对接，负责通信基站更换工作。2011 年，已经有了孩子的王宁终于如愿以偿回到了北京，对接中国移动集团公司的业务。

回到北京后，不论是工作上还是家庭中，王宁面对的挑战与抉择都接踵而来。

2012 年，女儿要上幼儿园了，作为一个土生土长的北京人，王宁却没有办法帮女儿进一家好幼儿园。"你在华为工作这么多年了，圈子还是只有这么点大，连个幼儿园都找不到。"一气之下，老婆带着孩子回到了老家成都，夫妻俩开始了两地分居的生活。这件事对王宁打击很大。

而在工作上，王宁也迎来了转变。那时，公司想要推广 Wi-Fi 业务，成立了移动综合部，王宁成为这个 4 人小组的负责人。当上了"部长"，头衔变大了，困惑与苦恼也随之而来。在他看来，大公司在这种小业务上没有真正的竞争力，在成本、市场策略的灵活性等方面都不占优势。"在技术情节上，内心多少有点小悲观。"他发现，从模拟通信的大哥大时代到第二代、第三代、第四代数字通信，每一次发展，调制解调技术的变化都起到了革命性的作用，"而从第四代到未来的第五代，那时候我没见到实质性的技术进展。"

令他烦恼的不仅仅是工作内容。当上了部门负责人，"汇报工作"也成了一项重要工作，大会小会一个接一个，由于时差，一些视频会议还常常在深夜召开。这些都让这个习惯了做业务的工科生感到疲于奔命："总感觉背后有人推着跑。"他原本打算将业余时间投入到自己的爱好中，但"业余时间"这个概念，对他来说似乎变得越来越奢侈。

"就像卓别林的电影《摩登时代》一样。"回忆那段日子，他说，生活失去了乐趣，"每个人都是生产线上的一颗螺丝钉。"这段时间里，他开始重新考虑人生，考虑自己的初心。从小，王宁就与音乐结缘，虽不是音乐专业，但在亲友熏陶下，大学时就对古琴产生了浓厚兴趣。创业从事古琴制作的念头，在他的脑海里慢慢成形。

在华为，每个新进员工都会领到一个工号。时间越早资历越深，工号的数字就越小，任正非的工号曾经就是1号。公司内部发邮件时，谁是大佬谁是菜鸟，都一目了然。后来，为了打破论资排辈，公司规定工龄每满8年，就会调整一次工号。就在换工号的当口，王宁终于向领导递交了辞呈——背着远在成都的老婆孩子，也没有告诉父母。

## "未来不缺工程师，但缺我这样的古琴匠人"

"本来这工作不是挺好的吗？钱挣得也多，多少人羡慕啊！老老实实干着不就行了，创什么业，这不是不务正业吗！"

听到消息时木已成舟，爸妈一下就蒙了。每月15日定期的工资没有了，每年上半年的股票分红也没有了，高科技企业里的工程师，摇身一变成了穿着大褂在工作间里锯木刷漆的斫琴师傅，反差不可谓不大。

父母震惊之余更是不解，当然也有些恼火：好端端的工作，怎么不声不响就给辞了呢？

责备归责备，老两口还是掏腰包给儿子赞助了一笔"启动资金"。真正让他们转变了思想的是2015年李克强总理所作的政府工作报告，在这份报告中，出现了"大众创业，万众创新"。有了总理帮忙"吆喝"，王宁的底气更足了一些。

起初，他在北京海淀自有住房中制琴，后来他将工作室搬到了房山琉璃河的一个农家院子，邀请身边一些志同道合的朋友前来弹琴、研习、交流。由于毕业于铁道部（现铁路总公司）的学校，就职于通信行业，以往王宁的视野总跳不出铁路和通信两个圈子，如今接触形形色色的人，他结识了大量各行各业的朋友。工作自由了，他也有了更多时间长住成都，陪伴妻儿。

"通信和乐器制造其实没什么不同。"从读书到工作，王宁与通信打了15年交道，这样的经历，反倒为他制琴打下了理论基础。他介绍，移动通信本质上是研究电磁波的滤波、放大，并进行调制解调。而乐器制作，本质上是研究乐器对声波的滤波、放大。"早年我见到很多老一代乐器师傅，不太懂这些理论，做琴就会有理论短板。"

对于古琴制作，王宁有自己的思考。"这两年非常流行一个词——'匠人精神'，那是一种精雕细琢、执着专一、精益求精、摒弃浮躁的精神。不过在乐器制作和文化产业里，光靠这些远远不够。"在华为的那段工程师岁月告诉他，除执着与坚守外，还需要勇于开拓和创造。缺少了这一点，"匠人"就显得过于"匠气"。

2003年，古琴成为"人类口头与非物质文化遗产"，这项原本少有人问津的传统艺术很快飞入了寻常百姓家，暴利的诱惑使得"古琴大师""斫琴大师"比比皆是。

终于在 2017 年，王宁做了一直想做的事情。他与两名合伙人成立了律和文化发展有限公司，下设 3 个工作室，除了王宁自有的古琴工作室之外，还有听松工作室和素喜金缮工作室。"走着走着，就觉得时机刚好成熟了，大概这就是'天时地利人和'吧。"

其中一位合伙人张瑾泉从小痴迷古琴，被身边人称为"琴痴"，他从体制内辞职后连续创业，找到了自己的古琴老师，并因古琴与王宁相识；另一位合伙人素喜则是王宁在华为的前同事，对金缮很有兴趣，曾跟着文物修复出身的老师学习金缮，3 年前和王宁因为租一张琴而结缘。

1 年时间过去，现在律和文化旗下的 3 个工作室各有发展。王宁古琴工作室从事古琴的制作和研发，传统丝弦和现代钢弦及尼龙线的生产和研究改良，以及关于斫琴的各种实验；张瑾泉的听松工作室研究古琴零部件的升级改造和古琴走进现代生活的升级改造；素喜金缮工作室，研究传统生活美学在日常生活的应用。3 个工作室各有所长，同时又以古琴为纽带紧密联结。

"律和古琴研习社是我们线下的集合点，这里有古琴、有摒弃门户之见的各个古琴传统流派的老师。在这里，琴人们斫琴、教琴也修琴。"王宁说，"今年应该会做一些知识分享的工作。我们希望走得更远，知识分享是大势所趋，我们期待在北京开辟一片与众不同的天地。"

大多数人创业，毫无疑问是"利"字当头，王宁却不在其列。在"国学热""古琴热"风靡的今天，身处这样一个迅速膨胀的市场，他常常回忆起，早年去启蒙老师家学琴的那个安详、静谧的小院，一杯清茶，两张琴，君子对弹，心无旁骛。"我希望在这个信息时代快速前进的同时，能够时常给自己可能膨胀的内心降降温，做这样一个'匠人'。"

"未来在通信行业不缺我这样一个工程师，但我觉得在古琴行业，缺少一个我这样的匠人。"

次接待一位澳大利亚运营商,我脱口而出一句新概念里的英文,被他直夸,英语讲得太好了。"

1年后,姜天露践行诺言,当场流利地背诵了13课新概念,通过了考验。这则决不裸奔的故事上了《华为人报》,在华为员工中广为流传。

这件事颇能彰显姜天露不服输的性格:一旦确定目标,决不放弃。

姜天露技术过硬,口才也很好,他是华为大学金牌讲师,给客户和内部员工授课无数,还经常用英文讲课。

转战国际市场后,姜天露战绩骄人。他参加英国电信21世纪网络投标专家组,华为成功入围两个领域,另一家入围两个领域的是当时如日中天的思科网络;他还引领了奠定华为数据通信地位的阿联酋Etisalat IP骨干网的投标,成功击败世界主流厂商,包括华为内部的光传输网络……

"那些年一直在职场打拼,没怎么顾着家。"2007年,姜天露调回北京工作。

姜天露工作太忙,女儿用纸片表示"不满"。

2012年公司要派姜天露去深圳工作,他再次面临选择。"我想过离开北京,可哪又离得开?我女儿那时才4岁,孩子的教育、自己和妻子的事业、多年积累的人脉……"

## 做不成马云做子牙?

那年,姜天露41岁。他决定离开华为开始创业。"我是听着李宇春《再不疯狂我们就老了》做的决定,这对年轻人来说可能是毒鸡汤,对要对抗中年危机的人来说，就是十全大补汤。"

姜天露选择了云存储这个方向，创立北京久久相悦，基于家庭网关和公有云的照片存储业务。

那年正好遇到百度、金山打"云"的市场，实施无限容量的免费服务，"家庭云存储"的市场空间堪忧。

辛辛苦苦做了两年产品，最后，姜天露的研发团队被人看中收购。在别人看来，企业被收购，就是成功，可姜天露不这么觉得，"一开始赛道没选对，如果选择企业云存储也许会很有机会，但选择了家庭云存储，方向错了。"

有人说，华为人都是基于非常正统的技术在做，像陌陌这类有些"坏"的纯粹互联网产品不可能诞生在华为人手里。姜天露在设计手机照片备份功能时，一开始只有"智能备份"，即没备份过的照片全部备份到宝盒中与家人共享。有客户提出，有些照片不能给媳妇看，所以全部备份不合理。"我还和人家辩论，既然敢照，为啥不敢给媳妇看！""坏"一点的做法是像有些相册软件帮助用户隐藏一些照片，变成私密空间，姜天露让步的结果也只是设置了一个"自选备份"按钮。"我可能不够'坏'，理解不了'坏人'的需求！"

被收购后，新公司流行用花名，姜天露自称"子牙"，"一是角色变化了，今后要辅佐新的老板；二是取大器晚成之意，我要做一家上市公司的理想还没有实现，所以我人生的辉煌还在后面呢。"

姜天露告诉妻子，"我做不成马云了！做不成马云做子牙，也许是我达成理想更靠谱的一条道路，老大不好当啊！"

他曾在《再别华为》里自我剖析："我外表平和，但骨子里其实是非常骄傲的，从来没有臣服过谁，领导对我好，自然没问题，一旦领导对我强硬，一定会激发我的反抗。在华为以强硬领导风格著称的公司里，我的上升空间注定是有限的。经过两年的创业历练，我的心态更加平和了，也觉得没什么可骄傲的资本，所以，这次我决定完完全全放下自己的骄傲，继续以创业者的思维思考业务，和新团队一起快速成长。"

## 你不为任何人工作，你是一名创业者

可是，做"子牙"的日子并不是他想要的生活。这位不服输的金牌讲师，一直梦想着要将企业做到上市。"一旦你的公司被收购，你就会在不久后选择离开，你不为任何人工作，你是一名创业者。"

2015年，姜天露应好友郭天祥的邀请，投身空气检测企业海克智动，任联合创始人兼CEO。

海克智动快速成长，如今已是空气检测行业的龙头企业，获得英诺、大河等知名投资机构1500万元人民币天使轮融资。

很快他又跃跃欲试。"做了空气检测之后，我对这个传统行业有了深入的认知，发现可以成为这方面专家，我知道什么技术是安全有效的，知道用户选购和使用新风机的痛点在哪里，也有大量新风资源，我决定要进入这个行业。"

2016年下半年，带着战略投资人的5000万元人民币投资，传承海克智动物联网空气检测和智能控制全套技术，姜天露在深圳建立智能新风系统加工厂。

这款产品有几个亮点，比如坚持使用纯物理过滤技术，杜绝臭氧、甲醛等二次污染，新风净化系统把室外富氧空气经净化后引入室内，通过空气正压挤出物理过滤吸附不了的多种气态污染物，而空气净化器只是室内循环，不可能吸附所有污染物，同时会因二氧化碳等超标导致空气不清新。"我们用纯物理技术，经过过滤，PM2.5没有了，我们可以做到含量接近于0。"

另外做远程控制，"我们的软件可以做到拿手机控制家里新风机，我有一次从南戴河开车回来，远远看到北京被雾霾笼罩。我接近北京城的时候，可以通过手机把新风机打开。"

最大的突破在于模式。姜天露用互联网经验来思考空气净化器产业。新风市场潜力巨大，可大家为什么不装新风机？因为消费者觉得一次性投入比较大，一万块钱起步，贵一点两三万甚至有十几万的。

多方权衡后，姜天露把共享单车的服务模式引入新风净化领域——免费为用户安装新风机、包耗材、承诺空气质量，5年服务费用只是传统购买模式的60%左右。事实证明，共享模式颇受欢迎。"新风到家"产品4月正式上线，目前已服务了12家高端幼儿园和几百个家庭，且在快速上升。

对于未来，这位不服输的前华为人充满信心，"机构预测今年80万台，2020年可以达到532万台，这是一个快速增长的市场，我希望2020年可以占有1/10的市场份额。"

# 刘海清

## 这位川籍 IT 老兵跑到崇明岛开了个农庄

文 / 王海燕

刘海清的第一个华为工号是 14680。那年做出离职决定时,他正值 40 岁。

1998 年进入华为,2012 年离职,刘海清在华为待了 14 年,是位不折不扣的 IT 老兵。"我在 IT 江湖漂荡半辈子,现在开始纠结工作与生活的本质意义,我希望能寻找到平衡点。"

这个平衡点在田园。刘海清宣称,IT 老兵要做农夫了,而且要做崇明岛的农夫,他自称是农庄的海清大叔。

这一转型还挺任性,刘海清是四川人,并非崇明土著的他却要跑到崇明开农庄,能行吗?可几年下来,他的"半日闲"农庄经营得有声有色,已成为岛上一大特色旅游品牌。

农庄挂的牌子是"上海半日闲农业科技有限公司",这可不是一个纯粹的农庄啊。海清大叔莞尔一笑,"这是一个 IT 老兵的乌托邦。"

"其实我不像创业的,我就是玩玩,玩得还不错。"他有点儿小得意。不过,细细跟他聊,发现海清大叔的农庄依然有着些许"华为"烙印,华为人的价值观已深入骨髓。

## 他的离职感言一度成为范本

那些年,刘海清一直躬耕于华为技术岗位,参与了华为2G、3G、4G三代移动通信的研发工作。"工作节奏很快,都不好意思按时下班,就像在高速公路上开车,你不动,后面的人都在按喇叭,你只能硬着头皮前进。"

2012年,刘海清40岁,有点儿小成就,也有点儿迷茫,"这个年纪在华为就是老兵了,有点疲乏,我想换种生活方式。"最初,他考虑休整一段时间,"不一定要离职,可是一想到,再过10年,我能在华为做什么,心里没底,我想看看通信圈外的世界。"

"与其让企业来选择你,不如你自己做出选择。"海清大叔很快做了人生一个重要的决定。"说起来也简单,我和朋友去崇明岛游玩,一下子喜欢上这块土地,浮躁的心顿时平静下来。

"当时,我在临别留言上打了一个小广告——我准备在崇明开一个农庄,兄弟们可以去看看。"

很长一段时间,刘海清的这段感言时不时被拿出来重温和效仿,被视为华为人离职留言的一个经典样板。"因为我交代了到哪里去嘛。"刘海清嘿嘿一笑。

海清大叔的"半日闲"农庄坐落在崇明港西镇,取意"偷得浮生半日闲","这是我人生的一个转折,之前我是一名生活单调苦闷的IT老兵,现在我要在这片田地上建立我的'桃花源',做个闲云野鹤的农夫。"

"半日闲"农庄的风景挺美:青砖瓦房、木舍小屋、茵草青青、流水潺潺、炊烟袅袅。要让大家在浮生闲思中寻找平静,像花草一样生活。农庄里的茶吧、酒吧,都由旧巴士改造而来,别具风味。

海清大叔的想法也很简单，以玩的心态经营农庄，就是搞各种家庭聚会、朋友聚会、员工聚会，他没打广告，就是在自己的朋友圈子发了个帖子。

离职留言挺有效，他的第一批客人就是华为家属带来的。

"华为本身就是一个很大的人脉圈子，自己人开农庄，当然要去捧捧场。"海清大叔笑言，那个离职留言现在看来挺有"心机"。

## 他把竞争对手变成合作伙伴

圈子的能量果然很大，"半日闲"接待了一批又一批华友。提起海清大叔的农庄，通信圈的IT人可谓无人不晓，自带光环，"这可是华为老兵开的农庄哦。"且朋友圈是辐射的，从通信圈衍生到教育圈、金融圈……"来'半日闲'的，都是朋友，朋友的朋友，朋友的朋友的朋友……"

显然，"半日闲"受益于华友圈，刘海清也是上海华友会活动中的常客。但如果仅仅这么想，那可是小瞧了海清大叔。

在崇明岛做民宿、开农庄的不少，"半日闲"的路数却独树一帜。"我们在港西有150亩地，这是'半日闲'的基地，但我们把整个崇明都看作'半日闲'的后花园。"

一般印象中，人们来崇明岛，无非就是吃个农家菜，找个地方住一晚，还有不少蚊子和飞蛾陪伴你数星星。然后买些崇明糕、甜玉米回家。

海清大叔却从中开发了很多项目。他为孩子们设计毕业旅行，砌锅灶、包水饺、磨豆浆、烧烤、插秧、挖矿石，让他们在游玩中体验自然科普和农事；他精心设计了员工拓展活动，把农庄定位成团建外场，融入海边拓展、湿地漫步、石磨生活、许愿放飞、草地烧烤、众众椅等项目。

"其实我们就是私人定制，非预约不接待。我们根据客户的背景和需求来定制活动项目和流程，吃、住、玩没统一的模式，都是定制化的。"

海清大叔常琢磨的事情是，300人的团队活动，十几位领队和教练轻松应对，500人甚至1000人的团队活动，领队和教练队伍扩大容易，就餐住宿场地咋办？"没关系，我们把客户介绍引流到其他农庄、酒店。想住高档的就推荐高档的，想要中低档的就中低档的。所以其他农庄都是我们的资源。"

崇明岛上有不少精致特色的民宿、农庄，海清大叔不和他们比。"他们做的也许更文艺范儿、设计感更好，而我们更偏重于乡村野味，并把他们的文艺范纳入我们的服务范围。换句话说，他们只看到他们的一亩三分地，而我们放眼整个崇明岛。"

刘海清的固定团队不多，但外围的支撑团队很大，他把竞争对手都变成了一起赚钱的合作伙伴。

这种开阔的眼界，让海清大叔的农庄扩展了内涵和外延，多了几分"魔幻"：有时这里成了小小地质家的挖掘场，小朋友们在地质矿石模拟挖掘场内，动手挖掘矿石；有时，这里会开党员民主生活会，室外是长桌宴，朋友们称之为"霍格沃茨学院风格"的食堂。

"没两把刷子，'半日闲'会敢说'私人定制'？"

"这是不是有点华为的战略意味在那里？"

"打法当然不是华为那一套，农庄如果按华为的模式来经营就完蛋了，但做事的目标、执行力是一样的。"海清大叔哈哈大笑。

## 我要做出令人怀念的 1%

几年下来,"半日闲"在海岛上织就了一张网络,成为企业拓展、亲子游、同学聚会等定制团队活动的首选之地,也是一些知名企业召开战略会议、年度总结会的特约外场。海清大叔没有乡音,却有浓浓的"乡愁"。

"桃花源"的生活很惬意,有岁月沉淀的老榆树、柳树,有海棠花溪,有好友相伴,海清大叔也时不时串场,有时他是野外徒步领队达人,有时是儿童骑行领导,有时是怡花弄草的花架老农。

"这些都是玩儿,接下来,我倒是想正正经经做一件事。"刘海清说。

庄主喜酒好客,不少朋友提出期许"要有一间品酒屋"。海清大叔也建了间田间品酒屋,取名"半闲斋",是用废弃集装箱改造而成的。

酒斋有了,但酒不满意。有一次一位客人喝崇明老白酒,直摇头,"没有 30 年前我做知青时的味道了。"搞得海清大叔挺没面子,他当下就许诺,"那你 3 个月后再来喝。"

为什么没有那种味道?"就是因为价格低,很多酒是勾兑出来的,当然失了那种味道。"刘海清发现,崇明还没什么拿得出手的好酒。自家酿的酒和批量生产的酒不一样,就如手摇石磨豆浆和用豆浆机打出来的豆浆的口味会有细微的差别。"很多时候就是很奇怪,手工艺和机械生产,就差那 1%,而我们怀念的,就是那 1%。"

"我就是要把这 1% 做出来。"他决心自己来酿造一种高品质酒。

2013 年,海清大叔结识一位"酒痴",这是一位有 30 年果酒酿制经验的酿酒师,"酒痴"在知青岁月即与酒结下不解之缘,痴迷于研制原酿果酒。

"我们一拍即合,决定酿造一种高品质的原酿果酒。"他们花费了几年时间研制打造一款女性专属果酒。市面上的果酒大多是"果汁+白酒+矿泉水+冰糖"浸泡而成,而海清大叔的果酒是鲜榨果汁原浆原酿而制,"酒痴"功力浑厚,不用任何添加剂,就能把水果的香味全部给激发出来,并且研制出系列果酒:蓝莓酒、蔓越莓酒、黑莓酒、桑葚酒、草莓酒、橘子酒。

研制出自己满意的果酒,朋友圈品鉴得到广泛认可后,海清大叔于2016年邀约一些朋友投资建设果酒酿造车间,2017年年初投产,2017年年末第一批果酒上市。

对于海清大叔来说,农庄是玩情怀,果酒是做事业。

这一次,和玩农庄的模式不一样了。"农庄不接受投资,我们自给自足,但这款酒会接受投资,我们的第一笔资金来自朋友们众筹,我得跟外面学经销推广模式。"

这款精心打造的女性果酒颇得圈中人喜爱,可以提供个性化定制方案,很多单位选择此款果酒作为伴手礼和年会用酒。海清大叔还起了个好听的名字——花间卿:

南方有佳人,容华若桃李。
花间卿中酒,佳人忆凉秋。
爱让佳人更美丽,惟伊花间卿。
享美丽,享健康,花间卿酒;
一口花间卿,一缕醉果香;
杯中果酒,浪漫在心。

# 陆强

## 教育培训成为这位华为工程师人生的下一站

文 / 谢飞君

采访结束,还不知道和自己聊了 4 个小时的上海华友会会长"陆老师"叫什么名字。问他,他竟然也不十分清楚。

后来他发来这么一段话解释:在华为时的名字叫陆强,目前和大家打交道时更多叫陆和,身份证上没有改,平时不看身份证的场合都改了。究竟怎么称呼,并没定论。

## 陆和

作为上海华友会的会长,陆和对华为印记的总结只是"天道酬勤""客户第一",至于华为的经历对创业有什么帮助,他反而觉得算不得加分项。

"华为的优势体现在流程、规范上,但对于小公司而言,很多事情不能定义太细,更有效的方法是价值观驱动。"

陆和觉得自己的创业和华为并没什么关系,身上也没特别的印记,但其实,坐在他的对面,还是会感觉到一个华为工程师的特点,他习惯在自问自答中留下比较长的间隔,在他回答之前,记者往往有一种被提问的错觉。正如他所说,他一直觉得自己是一个工程师,而这正是华为给他的标签。

## 陆强

1996 年,陆强大学毕业,在广西一所高校做了 3 年大学教师后,因为收入抵不上弟弟妹妹们的学费,也不大喜欢事业单位的氛围,他被华为的收入和文化所吸引,于 1999 年进入华为上海公司。

在华为的 8 年,陆强赶上了公司的大发展,自己的性格也吻合华为文化,在诸多一起入职的同龄人中,他成长很快,一年后就当上了小主管,离开时已经是一个需要对商业结果负责的某核心产品团队负责人。

因为类似的华为团队的成员有些并不完全专职于一个团队,如何协调、调动员工的积极性,是他管理工作的一部分。但陆强始终觉得这和创业者所需的管理是两码事——"因为当时华为的客户只是各大通信运营商,都是很大的公司,和你创业后面对的客户太不一样,而且,绝大多数华为人入职华为时华为已跨过从 0 到 1 的阶段,已是百亿级公司,已是大平台,流程规范齐全,公司最顶层的决策我们无权参与也无权知道,只是按顶层决策及流程规范执行,只要你围绕'客户第一'努力工作,基本上都会出成绩。所以,现在回头看,在华为 8 年,我对管理的理解实际是很肤浅的。"

而作为一位产品运维乃至产品整体负责人,从开始干的那一刻起,陆强的睡眠就不好了,"但凡产品哪里出了问题,半夜都会有人给你打电话。'客户第一',你马上爬起来处理是天经地义的!"

有失有得。"华为8年是自豪、精彩的8年,基于一个很好的平台,与一批优秀的伙伴一起做了很多有意义的事情。经济方面也回报很多,弟弟妹妹的学费、房款等都不是问题,非常感恩华为。"

当物质的问题解决之后,陆强想做一些新的尝试。2006年,到中西部去支教的风气,唤起了他的教育情结,他一度想去西部支教。

后来,受一位工号100以内的阿里人影响,陆强和这位阿里人、一位浙江大学老师等决定做一家"教育+互联网"的公司,名字也想好了,叫淘课网。

陆强去和领导讲要辞职,领导极力挽留,但陆强想得很明白,"我当时已经认定教育会是我人生的下一站。"半年后,他从华为离职。

## 陆和

2007年正式创业后,陆强就把自己的名字改成了陆和。他如今的身份是淘课联合创始人及培训宝事业部CEO,这家公司的业务是帮助中国企业通过高效学习实现成长。这和他在华为时做的事相比,完全换了一个方向。

陆和与以前的下属聚会时,一位前下属直言:"你现在创业还在路上,还没成功。我现在年入三五百万,你若还在华为,比我只高不少。你后悔当时出来折腾吗?"

但陆和并不后悔,"当时不辞职、在华为待一辈子是一种人生,出来折腾也是一种人生。没有对错,只是我更喜欢后者,是折腾,但是更多姿多彩，有更多时间陪家人，有机会历练管理一家公司的方方面面。"他觉得，人生是分节点的，过了某个阶段，人生就没有其他可能了。而这并不是他想要的生活。

离开华为这些年，陆和并没有摆脱"华为"这个标签，现在陆和出去谈事情，还会有很多人问他"华为如何如何"，无非是对华为的成功之道感兴趣。但陆和的看法，华为的成功不好学，"尤其对于中小型企业而言，华为的成功是很难复制的，学不到点还会被带沟里。"

"华为是领导以身作则、天道酬勤、不让雷锋吃亏（高绩效高激励）的公司。"在陆和的记忆中，所有的同事都很拼，自己也就没有任何松懈的理由。

## 沉浮

陆和创业早期做的淘课网项目，从名字上就可以看出借鉴自淘宝网，"是一个平台型项目，就是想做课程培训界的'淘宝网'。一边是企业买家，一边是培训供应商。"因为有互联网 IT 基因，淘课网人气增长很快，1 年后就赶超了之前做了多年的很多企业培训网站，但对于如何盈利，创始团队当时还没想清楚。

这时，一个机会找过来了。阿里巴巴 B2B 网站有几万家付费会员客户，阿里巴巴每年向这些会员收取几万元，他们想为客户提供增值服务。商量下来，决定送培训课程，帮助阿里巴巴的客户提升企业管理能力。

不久，来自浙江大学的合伙人直接到阿里巴巴去蹲点了 1 个月，有针对性地设计了一套课程，并专门物色、训练了一批老师，派往全国各地给阿里巴巴的客户上课。这些学员，大多是外贸出口型企业的老板、管理者。"高峰期，每个月有20多场培训，阿里巴巴直接付钱，公司当年就盈利了。"

"但是，懂行的人会发现，这是一个培训供应商的生意，而淘课网是一个平台，我们与阿里的合作和我们自己创业的初衷是不一致的。"与阿里合作了一年半之后，阿里提出其身份从客户转为渠道。"这是一个非常好的回归平台的机会，但我们做了完全错误的抉择——既然阿里的客户一直对课程有好评，我们升级一下课程，直接卖给我们已接触了一年半的阿里客户，不就可以继续赚钱吗？"

如今回想，陆和觉得当时的想法太简单，直接卖课程给企业主的尝试完全失败了，原因很简单：那些企业老板当初之所以觉得培训好，是因为这是阿里巴巴提供的增值服务，他们本来就要给阿里巴巴交钱，但一旦需要自己完全为培训课程买单，就是另外一回事了。"他们终究只是中小企业主，很多还没有'为知识付费'的思维。"陆和感叹，"回头看，当时把阿里从客户转渠道、公司从培训供应商回归培训平台定位是一个好时机。可惜当时不懂。"

淘课网的"寒冬"随即来临，到了2009年年底，公司花大力气搭建的宁波、义乌等分公司都只剩下一位"光杆司令"了。

要不要散伙？核心团队一番总结反思之后得出的结论是：这次失败最大的症结是目标客户锁定错误——"如何找到对培训有意识的企业？一个很重要的衡量标准就是这家企业有人在例行负责培训，即有专兼职培训经理。"在此之后，陆和公司的策略是先服务好培训经理，然后再服务企业培训采购。

"这个大方向目前看肯定是对的，但这是一家培训供应商的路，与自己多年的 IT 积累无关，加上其他原因，中间我们又交了不少学费，但也越来越深刻理解市场……"

## 风口

时间到了 2013 年年底，移动互联网风起云涌，陆和觉得机会又来了！

"人要做自己最擅长的事情，移动互联网+企业培训这个大风口，是我们已深刻理解的市场，我们的核心团队也有互联网 IT 基因，所以，我们在 2014 年推出了移动互联网+企业培训的新产品'培训宝'。"

让陆和惊讶的是，"培训宝"一发布就好评如潮，"本世纪最大的发明""感谢'培训宝'！我终于有时间恋爱啦！"散落在各家公司内部"孤独"的培训经理们，对"培训宝"的赞美之情溢于言表，这让陆和非常兴奋。

"现在培训宝业务增长很快，客户已遍布全国，我们服务的企业包括格力、百度、海尔、京东、万科、链家、星巴克、中石油、中国移动、上海汽车、百事可乐、太平洋保险、新疆金风科技等诸多公司。"目前，陆和正忙着将已在广州、杭州分公司试点成功的业务模式复制到更多的城市，新开设了深圳、北京、武汉、长沙、成都等分公司，他自己也因此成了"空中飞人"，巡回各地分公司，与客户分享"互联网+培训"的理念。

在陆和看来，他组建的是一支有教育情结的团队，在做好对企业的培训后，也不排除将来会开启针对个人的培训。

"基于自身成长,要提炼成功的经验,也要总结教训避免再犯。这样的模式,适用于成长中的企业,同样也适用于每一个人。"陆和坚信,PDCA(Plan-Do-Check-Act,即计划、实施、检查和修正)的过程应该成为现代生活中的一种习惯,"只要不断坚持,我们所看到的结果会有螺旋上升。"

# 李建勇

## IT 男做起高端西服定制，靠的是什么？

文 / 吴頔

不知在大家脑海中，工科男、IT 男上班时的打扮是啥样。提到他们，笔者的眼前浮现出的是彩色的格子衬衫、宽大的牛仔裤，再配上一双跑步鞋……虽说绝不至于是不修边幅，但也很难与精致、高端、讲究这些字眼挂上钩。

"我这样想是不是有些刻板印象了？"笔者有些不好意思地问李建勇。虽说头顶已掺杂了些许银丝，小腹微微隆起，但他身上的衬衫倒是十分合体，而且比约定时间还早到了 10 分钟。大概是如今的工作，使他养成了这样的习惯。2011 年，李建勇离开华为，创业做起了男装生意，现在正从事一家意大利男装品牌 Larnidi 的私人定制服务。

"在华为的时候，大家穿衣服确实都不太讲究。"他笑嘻嘻地承认了，"所以市场很大嘛。"

## 在证券大厦上班，却被出租车司机当保安

2006 年，从东南大学自动化专业硕士毕业，又在中兴干了 3 年的

李建勇进入华为。

"有些技术刚出现时非常火,但可能过了一年就偃旗息鼓了。"在华为,针对一项刚出现的新技术,不会投入重兵去研发,而是会投入一小部分顶尖人才,跟踪业界技术发展,起初的一年多,李建勇便在此列。

"我很感谢华为,非常锻炼人。"2008年,他转入市场部,对新产品、新项目进行可行性研究。当年,华为进军欧洲市场的动作闹得沸沸扬扬,从技术到市场,再到立项、决策,团队提出的方案会在级别最高的决策会议上讨论,李建勇成长很快。付出一定会有回报,这是几乎所有华为人的一个共识,他也不例外:"虽然叫苦连天,但大家都很感激任老板,在待遇上给了我们足够多的回报。"

不怕辛苦,不怕加班,有一件事却让他心里有些不舒服。那时,他负责一个LTE芯片项目,立项半年,生产出了第一个LTE芯片,项目却遭中止,不久后又被重新立项。"前后一年多的时间里,每周都有大大小小的汇报,感觉好漫长。"李建勇疑惑了,既然那么操心,为什么不为自己多操心操心呢?

一位华为同事的事迹至今被大家当作笑谈。

当年在金茂大厦办公时,一位上班快迟到的同事为赶时间叫了一辆出租车,司机一路开车一路打量着他,快下车时实在忍不住,问了一句:"你们金茂大厦的保安,多少钱一个月?"

"我们在金茂大厦里待了很多年,后来大家都习以为常了:进出大楼的人,西装笔挺的,肯定都是搞金融的。看到穿得比较像民工的,肯定都是华为的。"李建勇回忆,在华为的时候,由于没有工作服,也没有着装要求,大家穿衣的确都"不讲究"。

在他眼中,"不讲究"的还不仅仅是公司的同事。"我在米兰时,发现连保安大叔都穿得很漂亮。而在中国，老婆在服装店里转了一圈，打算给老公订一套，老公却死活不肯来。"

由于家族里有人涉及服装生意，认识设计师，也有供应链资源，李建勇便考虑做一个适合中产阶级的男装品牌，迎合大家"改头换面"的需求。2011 年，李建勇离开了华为，那时他 34 岁，是市场部的高级营销经理。

## 不会忽悠，靠什么赢得口碑？

起初，李建勇做的是常规国产衬衫生意，在天猫、京东等网上平台销售，为节约成本，坚持不走线下营销。随着店铺慢慢做大，为了提高品牌形象，去年，李建勇又增加了一项奢侈品牌业务，经营意大利男装品牌 Larnidi 的私人定制。

国际知名的奢侈品牌中，阿玛尼、古驰以设计见长，杰尼亚以面料见长，李建勇说，自己的产品，质量不输阿玛尼、杰尼亚，衣服的面料、生产，都来自意大利，只有量体裁衣的服务过程在中国完成，连量尺寸的师傅，也是从意大利和比利时请来的。但依靠这样的模式，却只有阿玛尼一半的价格，最低一套大约 2 万元。

价廉不代表质劣，来自意大利的设计师，已经有 30 多年经验，他和李建勇再三强调，衣服不能有任何瑕疵，有一单做不好，牌子就砸了。

"从 BAT 出来的人，可能比我们更容易成功，他们善于推销概念。而我们是技术出身，不擅长营销。"李建勇从不避讳，自己的生意经里，还留着华为的基因，在他眼里，质量是硬指标，"上新产品时，我们首先想的都是性能指标全面超过对手。我们习惯埋头做事情,不会忽悠,都是一单单去做。"

不善包装,不打广告,如何闯出自己的一片天地?在营销上,李建勇有着其他服装销售者都不具备的优势:"我靠的是口碑和圈子。"

李建勇的客户,是深圳、上海的高科技行业的高管、销售团队。身份特质决定了这些客户很少逛街,这些40岁上下的商务人士,张口闭口聊起的,都是融资、上市、新产品。因此,李建勇与同样具有高科技行业背景的合伙人从不上门推销,而是先通过人脉,组织圈子活动把客户聚在一起,再将私人定制的产品介绍给他们。

由于背景相似,李建勇与客户有不少共同语言,除了介绍产品,还能和客户谈生意、聊技术。他常常一对一与客户对谈,根据每个客户的不同需求准备材料,"干我们这行,喜欢讲'干货',我可以和一个客户聊一个下午,把西服的优点1、2、3、4都介绍给你,而不是拿出一本杂志,告诉你这就是我们的广告。"

在这样的"会员俱乐部"中,身处同一行业不同客户之间也搭建起了合作交流的平台,李建勇的生意,不再局限于推销自己的服装。他常常在酒店租一个会场,邀请客户聚会,大家一边吃饭,一边就把合作项目给谈妥了。

"做了十几套,没有一套满意的。"有客户找上门来,他们告诉李建勇,已经在茂名路上看了好多次,花了不少钱,在这里终于找到了合身的西服。如今,李建勇的俱乐部里,已经有100多名会员,这些都是他的忠实客户,通过口碑传递,越来越多的人也已经注意到了这个低调的定制品牌。

# 陈国龙

## 这些年他花心思最多的是北京华友会

文 / 王海燕

陈国龙来上海出差，行程排得满满当当。除了业务，重头戏就是与上海华友见面。聊天时，每隔几分钟就见他刷一次手机，这挺不像处女座的风格。

他给我看他的朋友圈，随手一刷，满屏的华友——前华为人。"最多的群有500人，大大小小的华友群我这有100多个呢，当然我最关心的是咱们的北京华友会。"

1980年生的陈国龙曾在华为工作3年，2011年陈国龙从张利华手里接棒，担任北京华友会会长。这个名义上并不"值钱"的会长，他这几年花心思最多。

"我这个人，可能不是那种在饭局上能口若悬河逗得全场哈哈大笑的人，但我是那种能耐心地听完你所有故事，掏心掏肺跟你一块商量，帮你解决问题的人。"

让他有点自豪的是，北京华友会发展到现在，已有较大的规模和影响力。

华友会究竟能给前华为人带来什么？陈国龙微微一笑："我说不出有多少人借助北京华友会有天翻地覆的变化。有不少人换了工作，不少人创业找到合作伙伴，不少人找到上下游的合作，不少人得到知识和行业经验的帮助。而我自己两年多，就从一个小兵上升到事业部总经理的职位。你说，这值不值？"

"如果可以，我也发出呼吁，第一，众人拾柴火焰高，希望有更多人同我一起，为华友们贡献一份自己的价值的同时，获得人家的帮助；第二，还有很多华友散落在全球各地，欢迎归队。"

## 在华为仅仅工作3年，为何能当会长？

陈国龙本科就读于中南大学的电子信息科学与技术专业。"我们那一届是第一年设立这个专业，师资力量还较为匮乏。对我这样立誓要进通信电子行业的学生而言，考研是条最佳道路。而北京邮电大学则是这个领域的黄埔军校。"

那年，陈国龙毅然决然放弃了本校的保送指标，并如愿以偿考上了北邮。他的英语很好，入学第二个学期就被选中去摩托罗拉做实习生。

从北邮毕业后，陈国龙进了华为的北研所。"我第一次坐飞机就是拜华为所赐。"1年后，他从研发转岗到销售，成为欧洲片区第二个手机的专项产品经理。

"我曾是第一代华为手机的'炮灰'。"他并不避讳自己这一段历史。2008年，经济危机横扫欧美，当时华为手机还处于投入期，工作举步维艰。"当时我并不看好华为手机，觉得挺土的，没预见到它后来的火爆。"在欧洲坚持了两年多，陈国龙攒到了在北京买个小房子的首付。

彼时，中国电信向他抛了橄榄枝，瞅着"铁饭碗"的机会，他毫不犹豫辞职。"现在回想，如果再去非洲和中东这样的艰苦地区坚持久一些，可能会多赚些钱。但始终回避不了的问题是，我到了40岁怎么办？"

别看这段工作时间不长，却在陈国龙身上留下深深的华为烙印。"在我眼里，任正非就是神一样的存在啊。华为一个芯片可以投10年，即使10年全亏损，他依然敢坚持，别人敢这么做吗？不敢。他在华为的股份那么少，别人敢这么做吗？不敢。全世界都不敢这么做啊，但任正非可以做到。"陈国龙坦言，"至今为止，产品经理的框架，客户服务意识和销售技巧，站在全球的视野高度看问题，都是从华为获得的。"

2008年北京华友会创立，这是资深前华为人《华为研发》的作者张利华发起的前华为人聚会，后来纳入由原华为工号680号员工俞渭华成立的华友会。

2011年，陈国龙参加了一次华友会活动，当时在中国电信工作的他跟张利华说，"我有时间，来试一下吧。"第二次活动由陈国龙主持，他定的聚会主题是创业、职业、家业，效果很不错，从这次聚会开始他正式接棒北京华友会。

要知道北京华友会里95%以上都是5年到20年工作经验的华友。若排资论辈，陈国龙在华为时间不长，资历不深，级别也不高。为何他就能做北京华友会的会长？

2015年，素有天使投资领域黄埔军校之称的天使成长营院长徐勇，面试陈国龙为三期学员时，也曾问过他同样的问题。

陈国龙这么回答他："这2000来人，是我过去7年通过每个月一次的聚会，逐步积累起来的，我能叫出他们60%～70%人的名字，说得出他们原来在华为的部门和现在在干什么，对每一个华友提出的需求和咨询，只要我知道的我没有不回复的，所以，我的声誉可能还不错。"

"国龙做得确实很不错，是我们的榜样。"在杭州采访浙江华友会会长金颖时，提起这位北京华友会会长，他赞不绝口。

"这可能跟我的性格有关吧。"陈国龙说，他出生在湘南丘陵地带的一个小镇，父母是农民，"我继承了很多湖南人的特性，比如实干，对人实在，不太能阿谀奉承，当然有时比较固执。""大家把我当哥们我就特高兴。今天就有个兄弟跟我说，他见外人都要琢磨一下该说什么话，但和我们就不用——因为都是自己人。"

## 工号、职级都成了过往，最强调的是平等

每个月，陈国龙都会组织线下聚会，主题不一。他们实行的是 AA 制，比如每人出 100 元，如有剩余，就捐给前华为人慈善基金。陈国龙告诉记者，华友会是一个公益的非营利组织，可能有点行业协会的味道，毕竟华为离职员工大部分还是在大的 IT 行业里从业，"更像是校友会，华为毕业的'校友会'。"

为了让活动更有吸引力，陈国龙还拉来两位联合发起人。一位是胡劲松，现任锤子手机的人力副总，原华为终端研发的人力负责人，由他来对还在职场的华友提供更好的职业发展服务；另外一位联合发起人是吴征宇，是原华为企业网同事，他到目前已经有三次较为成功的互联网创业，由他来对已经创业的华友提供创业服务。"这两部分，也都是非营利的公益组织，可以对外开放，不收任何费用，但只接受邀请制。"

从 2017 年下半年开始，他已不满足于简单的主题聚会，而是拢聚各行业的精英成立行业分会，整合行业资源，优势互补，先后成立了信息安全、物联网、文化旅游、大数据等行业分会。2017 年 3 月，他组织了一场"文旅盛宴"，到场的有做智慧旅游标杆企业，也有做全域旅游解决方案的，有做民宿做酒店的，更有艺术品金融化的先行者，会后大家整合了各自的产品，迈出了团队作战的第一步。

不仅如此，2017 年 10 月在北京华友会的基础上他和 10 位华友企业家一起试点设立了以"正直可信，共享互助"为宗旨的企业家协会，形成统一的产品和案例宣传平台，经过半年验证，成果丰硕，并在 2018 年 4 月 22 日正式成立。企业家协会是华友间更紧密的合作圈子，是凝聚平台的力量支持华友们事业的发展，帮助华友们成就更大的事业。

目前，北京华友会的规模约为 2000 人。"不管能否帮上忙，华友找到我，我没有不回复的，通过不断的积累，才达到现在的规模。"

对北京华友会，陈国龙定的规矩是，只接受华为人，若不是华为人，即使身价过亿，也不让你进。"此外，你要实名，不要骂人，不要谈政治。如果做广告也要有规矩，最多一周一次。"

华为员工都有工号，工号可以看出每个人的资历，但陈国龙最强调的是平等：在微信群里的交流，无论什么资历和地位，都平等对待，在每月的聚会中，只对贡献价值的主题分享嘉宾以及年长者特别尊重，其他皆一视同仁。

他曾分享过自己的一段经历：有个很多年没联系的同学，已经在知名 IT 外企干到中国区总裁级别了，一不小心就联系上了，他们热情地在微信上相互打了个招呼，并立刻电话沟通。"当跟对方介绍完，我是刚加盟了一个小创业公司后，对方随即说，我在机场马上要登机了，看能否后续再联系。原因我猜到了，主要是我公司地位跟他不匹配，他不愿意浪费时间多谈了，也能理解。"

"类似的情况，估计所有人都碰到过，芸芸大众，往往都是普通人，也会像变脸人一样，根据不同的情形，切换不同的脸面，有的人，对客户一张脸，对供应商另外一张脸；有的人，对有钱有身份的人一张脸，对身份不那么光鲜的'白丁'另外一张脸；绝大部分的人，对喜欢的人一张脸，对憎恶的人另外一张脸，我总感觉，换脸换得越少的人，越正直，更可信赖！"

这个小案例颇能反映陈国龙的价值观，也是他所倡导的北京华友会的核心价值观——华友，离开了华为以后，工号、职级都成了过往，我们提倡建立一个真心、平等、交心的圈子，只有在这样的环境中才能做到所有人的利益总和最大化，这才是陈国龙8年来孜孜不倦追求的目标。

## 姑娘特地从天津赶来参加华友会活动

陈国龙还开设了"北京华友会"的公众号，有精彩的聚会记录，也有华友的职场感悟，有时他也会以"罗马城"的笔名灌灌"鸡汤"。

前段时间，有关华为裁员的传闻甚嚣尘上，有匿名者在华为内部论坛发帖说，听见主管表示"华为中国区开始集中清理34岁以上的交付工程维护人员，研发部门开始集中清退40岁以上的老员工"。

陈国龙有点坐不住了，以"罗马城"笔名发文一篇，"人生在世，总要有些情怀。我很想告诉那些34岁以上、可能被华为清理的老员工，还有我在义务地服务你们,别担心,天地宽广!来跟我一起组织好北京华友会,抱团取暖,助人助己。"

华友会的能量有多大?"不吹牛地说,在信息通信行业,没有华为人搞不定的事啊。"陈国龙对此信心满满,目前,华友会的会员几乎遍布全生态,全产业链,全职能,"从我过往的经历来看,无论我想了解市场或业务,技术或者产品,法律甚至财务或投融资,我都能找到最专业的人对我倾囊相授。"

华友们不仅彼此分享创业、就业资源,也在一起发展兴趣爱好。有一次,有位姑娘特地从天津赶到北京来参加活动,"原来她是想认识优秀的华为小伙,是冲着相亲来的。"陈国龙说,这也启发他开始做华友会的衍生活动组,由北京华友会发起,目前已建立影视俱乐部、羽毛球俱乐部、移动互联网俱乐部、终端俱乐部、德州扑克俱乐部、物联网小组、长走俱乐部等。

在中国电信待了4年的陈国龙后来待不住了,"因为在华为历练过,觉得太闲。"2014年他就职鹏博士集团,集团派他独自去韩国。他在韩国将第一个由中国国内公司设立的虚拟运营商从零开始,租办公室,拟定第一个外籍员工的劳动合同,直到半年内业务上线,也就一直是他一个人在韩国,外带一个韩国刚毕业的中国留学生当翻译。

2015年,他就任海航通信国际事业部总经理,再次从零开始创设业务和搭建团队,主管过公司早期设立的四个业态中的两个,在北京和深圳组建了两个公司内公认最专业的团队。

即使工作再忙,陈国龙依然把时间和精力分给了北京华友会,他也常常自责,没太多时间陪他媳妇和儿子。"但我的收获也很大,收获了大家的信任,也得到很多人的帮助。"

最近一两年，陈国龙更忙了，在投资人的支持下，2017年1月他创办了有必旺公司。公司专注于通信网络边缘应用领域，包括数字化服务，物联网和智能化等业务。投资人看中的正是他坚持投入北京华友会8年的这份毅力和踏实，而这些信任又成为他把华友会做得更有价值更长久的动力，他说他还能再坚持10年、20年！

# 金颖

## 他在西子湖畔专攻"无人机克星"

文 / 王海燕

采访金颖约在文三路 90 号，即杭州东部软件园。

他一手创办的捍鹰科技公司位于 3 楼一个 300 多平方米的房间。进门就看到一墙的专利，而屋内，十几位工科男正埋头工作。

这是金颖第四次创业了，创业项目非常酷——"无人机管控系统"。屋里放置着一台威猛的机器，金颖指着它说，这家伙可以探测出方圆 4 公里的"无人机"，并让其迫降或返回原地，可谓是"无人机的克星"。

这个高科技项目倒挺符合他的技术背景。金颖曾在华为工作 8 年。2008 年离开华三通信后，他成为一位连续创业者，并先后服务于 HP、Intel 等国际一流企业。在"反无人机"项目之前，他和前阿里人一起做过"电视淘宝"。

在美丽的西子湖畔，金颖还有一个身份是浙江华友会会长，这位颇有文艺气质的工科男短短几年间汇聚起近 400 名前华为人。

## 像我这样恋家的人，在华为没有发展前途

1978年生的金颖是地道的杭州人，生在杭州、长在杭州，对西湖是发自内心的眷恋与喜爱。2001年金颖一毕业就加入了华为宽带产品部，进入高速成长的数通领域。"机缘巧合，我成为华为从事政府、教育两个行业调研工作的市场体系第一名员工，也是华为教育网络部的第一位产品经理。更幸运的是，因为华三通信的成立，我回到了自己的家乡杭州。"

在华为，金颖获得了两个外号，一个是"帮主"，一个是"大侠"。前者是他在北京工作时，由一群同为菜鸟、新人的小伙伴取的；后者是在杭州时，由SOHO事业部的几位小伙伴取的。这两个外号传神地彰显出金颖骨子里的自由不羁和为人仗义，显然，他并不想安分地做一位技术"大咖"。他曾给自己写过一段"凡客体"：双子座、工科男、爱电影、爱摇滚；既能坐镇总部操全国大盘，也能在华强北默默做机；文能写PPT和软文，上台侃侃而谈；武能"攻城拔寨"，勇当销售冠军；走遍大江南北，笑看IT风云；相信互联网，相信科学，相信自己。"大侠"喜欢冒险，却不喜欢离开杭州。虽然在华为这几年，金颖几乎走遍全国，支持过各省办事处项目，但是去外地工作不是他的选项，"像我这样恋家的人，在华为没有发展前途。"

2008年，30岁的金颖决定辞职，离开华三通信以及自己的Comfort Zone（舒适区）。"华为就像所学校，在学校待得越久感情就越深，也为此付出了青春年华。可是，人终归是要从学校毕业的。作为一个有着强烈好奇心和理想抱负的人，我需要有自己的一片天地。"

## 浙江华友会有"浙大"和"华为"双重基因

杭州是阿里巴巴的大本营,这座城市包容开放、资本充足、年轻人多,在故乡扎根下来的金颖开始了他精彩刺激的冒险之旅。

"这段日子历经坎坷和起伏,但我一直坚持了下来。创业失败了就打工,打工一阵子,又跑回去创业,反正是不甘心。"金颖很庆幸自己出来早,30多岁还可以折腾,"在这个过程中我也是不断积累,尝试得越多,对自己就越了解。我本质上就是一个创业者。"

与其他华友相比,金颖的跨界经历丰富。他先后就职过惠普、瞻博网络、英特尔等国际公司,做过ERP(企业资源计划)、手机、电商等创业项目,和BAT系的创业者交流共事甚多。

"阿里有阿里的特点,华为有华为的特点,但有一点是共同的,就是从客户的需求出发。"2011年,金颖和曾在阿里工作的同学一起创办了杭州智屏科技,聚焦"电视+互联网"领域,做"电视淘宝"。

"智能电视的普及让电视成为一个承载更丰富、更多元化的入口,在电视直接购物、从电视向购物引流成为一个真正的风口。"金颖说,电视淘宝对接淘宝天猫上的相关数据信息,用户可以看到卖家提供的商品信息、买家提供的信息、自媒体评测商品等内容,以辅助购物。

到目前为止,电视淘宝拥有5000万件在线商品,达成了100万以上的每日独立访问量,在2017年"双十一"创造了1.3亿元的新销售记录,已成为中国电视领域中最重要的互联网业务之一。

不过,游刃于互联网创业领域的金颖,身上最深的烙印还是华为,他的核心交友圈也是华为。

2015年,浙江华友会的老会长王茂川移民,金颖从老会长手上接过会长一职,"我这个年龄在华友中正好承上启下,我也愿意为大家做点事。"

浙江华友会目前的规模近500人,不少人有着"浙大"和"华为"的双重基因,"我们不报工号,都是实名制,若要入华友会,必须有华为工作经历,还需要有人引荐。"

浙江华友会的华友们都很出色。他们中不少在阿里巴巴、网易、海康、大华等500强企业内担当重任,也有不少小伙伴成为杭州双创大军的主力军,在AI、VR、科技金融、云计算、跨境电商、智慧旅游、无人机、大文娱、物联网等领域各有建树,更诞生了3家在业内响当当的高科技企业:浙江宇视科技、杭州宏杉股份、杭州迪普科技,以及一家独角兽公司:杭州数梦工场。

"这两年,浙江华友会已成为一台高性能交换机,让来自五湖四海,不同领域的华友们快速熟络,自由连接;浙江华友会也是一台核心路由器,让华友们不仅可以链接到阿里、网易等互联网公司,更能和浙江省内各级政府、各类VC(风险投资)和PE(私募基金)、各大企业和社团建立便捷沟通。"金颖有点儿小自豪。

## 我的创业团队大都是前华为人

屋子里那台体型庞大的机器很是亮眼,"这是专门用来打无人机的,是无人机的克星。"金颖比画着说。

2017年,金颖离开了电视淘宝团队,担任杭州捍鹰科技CEO,这是他目前正投入的一个高科技创业项目,他开始了一场专注打无人机之旅。

"目前黑飞无人机所造成的安全事故和产生的安全隐患已非常多,

各级政府和相关部委也都非常重视这块。"金颖说,"有矛就有盾,相对应的探测、识别、处置技术也已经成熟,这也给无人机反制系统提供了技术支持。"

金颖描述道:"无人机可以在几百米高、两三百米远的地方对目标场所或人进行拍摄、监听、观测。而仅依赖人眼,安保人员是很难在这个距离发现无人机的。可以说,当地面上的安保人员发现无人机的时候,无人机早已经完成了观察任务。另一方面,无人机的飞行速度可达20米/秒以上。这意味着一旦发现它,留给安保人员的处置时间也不多了。相对应的是,我们的解决方案是能够在几公里远之外,无人机还未能实施破坏或造成威胁的时候,就被反制系统发现并锁定,为安保人员提供足够的处置时间,并使可疑无人机迫降或被驱离。"

"技术确实比较复杂,成本也很高,一套设备要小几百万。正因为技术门槛高,反而是我们这些有十几年通信行业经验的人的机会。"对这款门槛很高的高科技产品,金颖颇有信心。

信心来自他的团队。

"我的团队现有20人,其中8人是前华为人,科研实力雄厚。可以说,我们是一家典型的华为系创业企业。"谈到创新,金颖身上的华为烙印毕现,"我们不谈模式创新,只聚焦技术创新;我们不胡乱烧钱,只聘老手和高手;我们不空谈企业文化和讲究所谓福利待遇,只凭内心之火、心灵之光做到大家齐心协力。"

目前,捍鹰科技已完成了天使轮和A轮两轮融资,得到了浙大系、腾讯系、华为系的认可和支持。同时,公司也已斩获了数个大单,为监狱、公安、机场客户提供最先进的无人机管控方案,在空域安防这个领域继续领跑。

# 冯建林

## 瞄准前沿科技的水瓶座投资人

文 / 谢飞君

---

7月11日，是前华为人冯建林当投资人满3年的时间。整整3年中，他的生活一直处于"7-11"模式，当然收获也很明显——不到半年时间，他已"升级"为公司的联合创始人。

冯建林在华为待了7年多。在华为时，从华为海外费尽周折跨一级部门调回国内并如愿进入华为新成立的创新中心，成为创新中心的创始团队成员，后又离职连续创业——2012年，他就成为较早玩微信和公众号的那拨人；1年多之后，当身边的人开始陆续向他咨询公众号的诸多操作问题时，他已开始玩起了时兴的O2O运营。

如今的冯建林是个忙得马不停蹄的投资人，一年到头全国各地飞，却还一直保留着2013年在深圳做少儿亲子阅读创业的绘本馆，"停止营业后就一直空着"，只因绘本馆和女儿有关。

怎么看，这个理工男都有文艺青年的特质，从他概括自己的那句话中也能感受到："跟很多人不同，我的人生就是一条单行线，一路走来，似乎总是没有太多选择，也少了诸多犹豫，但最终每一次都是听从内心的直觉去走向新的方向和征程。"

## 人在华为

"回头来看，我一直在往华为主流产品线的外围走，比如从无线部门到业务与软件，再到战略与Marketing（市场营销）的创新中心，身边的很多同事和朋友都不理解，担心如此走下去的'前途'，但他们看到的前途和我心里的所想完全不一样。"

2005年，冯建林在西安交大研究生毕业前直接投简历到华为市场部，当时同学都很惊诧：你平时这么腼腆，这么不善言辞，还投市场部？但他自己却早在一年前就想好了。

研究生二年级时，冯建林在深圳工作了一年，当时在一家著名的台湾芯片应用企业实习，业务内容是给大陆已经很知名的一家电子产品企业BBK做技术解决方案。"当时BBK的DVD产品家喻户晓，此前一直以为这家企业是一家拥有自主知识产权的高科技企业，但深入进去才发现很多核心技术却在外企手里，实习结束回到学校写完毕业论文，就再没想过去做研发的方向。"

进入华为，在国内实习了不到半年，之后冯建林被外派到"独联体"片区。第一站到了莫斯科，但只待了40多天，"6月底7月初，正是当地的黄金旅游季，趁着业务还未进入状态，我到处'旅游'了一圈，之后便被选派去乌克兰开拓战略市场。"在乌克兰一待就是4年，所在的这个"尖刀排"，算是小有成就。"搬迁了诺基亚超一半的基站设备，瓜分了爱立信的核心网份额，从而在乌克兰市场实现了公司无线产品从0到1的突破。"

和华为国内同事的生活相比，冯建林觉得华为海外还是蛮适合年轻人的，"很自由，不会有太多条条框框的限制，只要想干肯干愿意干，机会很多"。而他自己是一个喜欢动起来的人，一有空就会背着包去徒步，走大街小巷，吃各种美食、品各种美酒。等到4年之后他申请调回国，内心深处已经对面向消费场景的终端产品和解决方案产生了浓厚的兴趣。

但这样的调动并不容易，领导不愿放人，还要经过公司一级部门总裁审批。很多人都觉得调动的希望渺茫，但他最终用两个月的"巧妙周旋"实现了愿望，如愿加入了华为创新中心。

创新中心当时设在华为总部基地以外的深圳南山科技园，是当时公司员工办公区域唯一可以随意上外网的地方，很自由，那时候就开始钻研物联网、App应用以及最近几年才火起来的AR等创新开发项目。然而，因为创新中心面向全球，回到国内的冯建林依旧需要频繁地往国外出差。每次至少1个月，两三个月也很常见。"半年时间内，接连3次去阿联酋。"大概两年多之后，创新中心在华为的整个业务重心中始终得不到淋漓尽致的施展，有种种制约的流程与障碍。冯建林渐生去意。在一次需要出差菲律宾的前夕，冯建林决定离开华为。

离开后，在一个自己还算熟悉，看似朝阳却又充满太多不确定性的光伏行业经营了1年多，主要负责欧洲市场的开拓。后来因为女儿快出生了，而这家公司又需要异地办公，才又不得已从公司辞职。

## 连续创业

"欧洲的经济活跃度和国内不能比，国内像一锅滚烫的开水，离开一两个月就有太多新的变化，但欧洲很少。当你处在一个变化很小的维度，你会觉得不适应，你会想投入到日新月异的变化中去。"

从光伏公司离职后，冯建林深刻感觉到国内经济的活跃度。"当时微信已经出来了，我就喜欢下载来琢磨，很快做了一个公众号，取名'果叔'。"名字很偶然，源于当时冯建林的爸妈在陕西老家经营着的一片苹果园，于是他便带着对新模式的无尽好奇，扎进了刚刚起步的O2O领域。当时纯粹是为了研究公众号产品本身才去做的平台。

1年多之后，身边很多人开始咨询和琢磨公众号平台如何玩的时候，冯建林已经开始发现纯线上平台的弊端，于是迅速打造了线上到线下的实体店平台。"生意之外还带了些许情怀，于是也打造交流的场景，创立了'咖啡+鲜果+亲子绘本'的O2O模式。"后面很快就扩展到第二家更大的线下实体店，恰恰就开在华为总部的旁边。

"我创业3年，做'果叔'品牌，两家线下店：亲子绘本馆、眼镜定制。很多事情都需要自己亲力亲为，中间有很多老朋友、新朋友给予了极大的帮助和支持。"回头看自己的折腾，冯建林觉得收获了经验、教训、友情，很充实。喜欢赚钱，但只是过程，最终追求的还是资本的再分配，按照自己的意愿，做很多有意义的事情。

## 转型投资

"投资人的工作强度很大，但灵活度也很高，这符合水瓶座的天性。每天有新奇感，是探索型的人所喜欢的方式。"

到投资公司，是不经意间埋下的因子。一次无意间参加了"创业从0到1"的一场论坛分享，让他认识了后面公司的董事长，并最终决定加入。

2015年7月11日，冯建林入职新公司，他之所以记得特别清楚，是因为此后两年，他的生活一直处于"7-11"模式。"投资人听起来高大上，但其实很苦，每天都睡得很晚。要从一堆繁杂的项目中筛选出有眼缘的好项目，就必须不断学习。"在冯建林的印象里，O2O、AR、VR、人工智能、区块链……这些知识完全来不及学，"知识更替的速度远远快于大脑接受新事物的速度，除了进一步提升学习能力，也同时采用7-11模式。"

但冯建林也乐在其中，他享受"跟聪明的脑袋和新奇的事物打交道"的过程。"上周和一个做心理咨询和职业规划的好朋友聊天，她给我的分析结论——'探索者'，我觉得这个词语用得太好了。不是领袖，也不是将军，就是适合在未知的市场开拓的勇士。"

## 华友连接

"有人问我后悔离开华为吗？我说从来没有。因为我回头看，发现一路走来是一串珍珠，很有连贯性。用我自己的说法，我的前三分之一人生，是一条单行线。比如别人总是会有各种各样的不同的机遇，就会有取舍和犹豫。而我在每一个节点上，只是顺其自然，看似随遇而安。"

离开华为这些年，冯建林会参加华友会的交流活动，也会时不时回华为总部，和留在华为的兄弟姐妹一起吃个饭。包括在做投资时，在北京、上海、深圳、武汉等各地跑，也和华友们保持着各种联系。

每隔一段时间，都有还在华为的兄弟们给冯建林发消息，问他出去以后干得怎样，说自己也想出来闯一闯社会。但这些年过去，其中的绝大部分人依然选择留下。

留下来的华为人靠什么支撑？最主要的还是因为有一笔很不错而又稳定的收入，这也无可厚非。华为的薪资待遇在业界已不是什么秘密，是会让很多人羡慕垂涎的。但几家欢喜几家愁，有人开心，有人闷闷不乐，甚至痛苦。

为什么痛苦？每个人的情形都不太一样。看你追求什么了。"站在水瓶座好动、好奇的角度看，那是一种长期在同一种氛围、同一个风格中的厌腻感。"在冯建林看来，这是人的本性，况且华为人又有业界皆知的"螺丝钉"式的工作分工。当然这也不是人为刻意造成的。"因为华为卖的是复杂的大系统解决方案，本身需要各个环节大量的人去协同配合才能完成。而且大项目的周期又长，更像是航空母舰上的螺丝钉。"

## 有限自由

"我的目标，是希望能创立一家有独特企业风格的平台，体量可以小，但在社会中有独特的价值。用我所掌握的工具、投资的理念去结合我一切的资源，自建一个有价值的体系。"

若用世俗的标准去衡量，作为投资人的两年，冯建林还算比较成功。但他对投资的本质的看待，却是有点"和英语一样，只是工具属性的技能"。所以，在经历过运动员（创业者）、裁判员（投资人）的不同身份后，他还想再做回运动员。"后面应该会全身心做科技行业"，毕竟自己也是纯正的理工男出身，始终对技术产品和方向的理解是有感觉的。"我坚信,在未来的几十年,科技依然会是驱动整个世界前进的原动力和引擎,至于几十年后,也许是文化,也许是其他。"

事实上,从 35 岁开始,冯建林已经开始"做减法"。比如投资,就只去关注和聚焦自己感兴趣的前瞻科技。比如无论多忙,一周到一周半,会从上海返回深圳看家人,因为"做了减法,家人和健康才是最最核心的基础"。

他对自己分析得很透彻,爱折腾,爱体验,但也可能专注力不行,所以也许成不了专注的任正非。"我追求自由。"这是他对自己的认知,但作为一名投资人,他又很明白,身处一个社会环境,从现代人的生存规则而言,很多人无法得到完全自由意识里的自由状态,只是称之为"有限自由"。

回深圳的时候,冯建林偶尔会去空着的绘本馆看看,这个地方已经不营业了,但他依旧支付着每月的租金。他想等女儿长大一点,还可以带着她继续折腾。这也让他想起当年的公众号"果叔",当时觉得只是水果生意,现在却发现已经赋予了更多的意义。也许是因果,"人若有因果轮回,我所一路走来的单行线,很多事其实都是环环相扣的内心所串起来的,想起来很美妙。"

# 宋允辉

## 这位女将把华为模式带给更多民企

文 / 吴頔

现在，想要和宋允辉约个时间聊聊，不容易。

"我正在车间巡检，不好意思。""今天厂里有环保督查，可能没时间了。"离开华为3年后，宋允辉的日程表依旧满满当当，只不过她的身份变成了苏州金泉新材料股份有限公司的副总经理。此前，她还曾担任一家管理咨询公司合伙创始人，成功辅导了来自通信、IT、服装、汽车配件、机械、电子商务等不同行业的数十家企业，帮助它们开展企业管理改进。

"华为只有一个，但中小企业有千千万万家。"如今，这位华为曾经的"六西格玛黑带"要做的，就是将华为更科学的管理模式，传授给更多的民营企业。

## 三次巧合

"好像我这人做决定，总是因为大大小小的巧合。"说起与华为结缘的经过，宋允辉笑了。这一笑倒是带出了一点口音，原来，这位在江苏已经求学、工作、生活 20 多年的温婉女士，是一位来自大连的北方人。

从小爱和男孩子扎堆玩耍的宋允辉，在高考填报志愿时，也选择了一个有些"男性化"的专业——南京航空航天大学的飞行器设计专业，这是南航的王牌专业之一，"听上去多酷啊！"不过由于专业调剂，她被分配到了机电专业，与最初的愿望失之交臂。在这个男多女少的专业，全班 32 个人里，只有 4 个女生。

"如果没换专业，没准儿我现在就是研究飞机的工程师了。"这是第一个巧合。

毕业后，宋允辉进入一家主要经营汽车安全系统的外企，由于想要进一步深造，她于 2000 年回到母校，攻读信息学院计算机应用技术硕士研究生。那时，通信行业正处于飞速发展的阶段，需要大量新鲜血液涌入。作为南京一流的理工科院校，南航相关专业的毕业生也成了"香饽饽"。宋允辉回忆，华为、中兴这样的大企业，甚至直接开着大巴来学校"抢人"。同一个机房里毕业的师兄们，几乎都被这两家企业包圆了。

"我长这么大，第一次拿到这么多钱！"一位已经毕业的师兄刚领到工资，就兴冲冲跑回机房，和师弟师妹们分享自己的喜悦，宋允辉也在簇拥的人群之中。那时，月薪 400、500 元就已算尚可，这个师兄第一个月就挣到 2000 多元现金："我把钱都揣在胸前的口袋里了，让我的心跳时刻都能感受到它们的存在！"这位一边眉飞色舞传授经验，一边拍着胸脯摸着钞票的师兄，现在已经成了中兴的高管。10 多年后回想起这句半插科打诨半发自肺腑的"经典语录"，宋允辉还是忍俊不禁。那时她觉得，如果自己也能去中兴、华为这样的公司，一定既高端、又高薪。

临近毕业，她果然如愿被中兴录用。选择中兴而没有去华为的原因很简单："中兴招聘比华为早啊。"这是第二个巧合。

在中兴，宋允辉经过培养，成了一名"六西格玛黑带"。六西格玛是一种改善企业质量流程管理的技术，这项由被誉为"全球第一 CEO"的通用电气前 CEO 杰克·韦尔奇所发扬的企业质量管理标准，对企业的文化建设带来不小提升。与跆拳道中的黑带类似，六西格玛黑带代表着高水平的企业质量管理人员。有资料介绍，那些成功实施六西格玛管理的公司，大约只有 1% 的员工被培训为黑带。能够位列其中，宋允辉自然也成了"稀缺人才"。

2006 年，去西安出差的回程航班上，隔壁座位的先生主动与她攀谈起来。原来，他在华为南京研究所的人力资源部门工作，一上飞机，他就从她手机通话的内容中判断，身边的一定是个"圈里人"。

"要不要到我们这儿来试试？"起初，宋允辉没把这句话放在心上，但回南京后，一通又一通的电话，让她实实在在体会到了华为人骨子里的那股狼一般不达目的不罢休的韧性。在宋允辉眼里，如果说华为的企业文化是"狼"文化，那么中兴人更像是"牛"，低调、扎实，愿意盯着一件事情深耕细作。那时的她觉得这样日复一日"没意思"，想再给自己"来点挑战"。

当时，宋允辉在手机产品的需求变量控制过程中，遇到了一些在她看来"无解"的困难，相比而言，华为的势头似乎更好一些。而作为一名研发管理者，最让她心动的是，在象征着企业研发管理成熟度的"CMMI 指数"这一项上，华为达到了 5 级，而中兴那时是 3 级。

飞机上的一次偶遇，给她带来了进入华为的契机，这是第三个巧合。

## 拒绝"洗脑"?

"我是个很难被洗脑的人。"加入华为时,宋允辉不仅是一位少见的"女将",也是一位已经32岁,前后拥有7年工作经验的"老将"了。当她与一大群年轻人一道入住百草园、就读华为大学,参加集训时,面对满墙诸如"不让雷锋吃亏""烧不死的鸟才是凤凰"这样的标语,却并不是很认同,"虽然我知道本质上道理都是对的。"

记者之前与其他华为人聊天时,曾不止一个人提到,在集训期间或入职不久,就会有相当一部分新员工离开,原因就是不认同华为的企业文化。宋允辉却没有,比身边人更丰富的阅历使她更为理性,每天的跑步、团队建设等各种训练中,她反而很快融入了华为文化中。

"任正非最牛的地方,就是他能抓住人性最本质的东西。"提到曾经的老板,宋允辉赞不绝口。他不仅为华为带来了军事化的管理,也让思想教育与企业文化建设深入人心。宋允辉回忆,2007年,为服务奥运圣火采集转播,华为需要在珠穆朗玛峰建设通信基站,任正非在开工会上说:"我们的基站是要建立在珠穆朗玛峰上的,为了这项伟大的事业,脚趾头冻掉了也值得!"而在日本福岛核事故发生后,身在日本的华为人不顾自身安危,依然坚守在辐射区维护基站。这一件件发生在身边的真实故事,渐渐让宋允辉认识到,一个人还是要发挥出自己的价值:"努力付出后的感觉是最好的。"

那时,华为刚刚开始在企业内部引入六西格玛管理模式,宋允辉成为全公司第一期11名六西格玛黑带之一,在南京研究所质量处从事研发管理工作。

在一个"理工男"扎堆的地方,宋允辉还能干出一番业绩,与大家相处融洽，她将其归功于自己男孩般的性格："别看我是女的，讲话轻声细语，我说话也很直。"她还记得自己与合作的第二位所长之间的一段对话，那时所长刚刚上任一周，宋允辉主动约好时间，去向他汇报工作。

"你来找我有什么问题吗？"所长开门见山，"还是需要我帮助？"

"没有。"宋允辉答。

"那就是需要什么资源？"所长又问。

"也不是。"

"都不是？那你赶快回去工作吧。"

换作他人，也许心里会很不舒服，宋允辉却完全没有放在心上，她明白，这就是华为人的做事方式——直截了当，有事说事。

性格是一方面，家庭也是一方面。网络上流传着几篇华为女员工的自述，有人因异地工作与爱人久别，有人因长期加班无暇顾及家庭，还有人则因休产假丢失了自己的位置。相比而言，宋允辉无疑是幸运的，进入华为时，她的孩子已经上了小学，照顾孩子的压力小了一些。而在早年，她听从了业内师兄的建议，没有去加班较多的研发岗位，选择了研发管理岗，虽免不了仍要加班加点，但相对其他岗位，还是略显轻松。

2014年，宋允辉的先生因工作关系调往常熟，宋允辉也申请调动到了华为苏州研究所，但由于研究所所在的苏州园区与常熟的家之间仍有60多公里距离，单程驾车超过1小时，仍有些不便。加上孩子进入初三，面临中考，需要家人更多的照顾。考虑再三，虽然尚未找好下家，宋允辉还是递交了辞呈。

## 下半场

"离开华为后，仿佛是换了个人生，一辈子分成了两半。"进入华为，宋允辉的理由是想"多些挑战"，离开华为，她依然想要"挑战自我"。

在华为，每天只接触研发人员，与人交往的方式都是"规范打法"。合伙创立了管理咨询公司后，她要与各行各业的民营企业主打交道，有粗犷豪放的，也有精明细致的，有人艰苦奋斗攒出家业，也有人做着生意一夜暴富。这些都让宋允辉充满了好奇："感觉干啥都有意思。"

一年多时间里，她接触了上百家企业，为他们进行管理类咨询，进行战略规划。起初，她想把华为的做法完全照搬到这些企业：这么好的东西，他们为什么不用呢？

然而实际效果却并不显著。由于员工能力上的差距，许多行之有效的理念在民企当中并不能高效执行。在华为，如果一项工作没有达到预期，负责人会被开除或降级，同时会有后备人才顶上。可在本就没有多少员工的民营中小企业，怎么能轻易"开人"？在成本有限的情况下，又上哪去招人？

宋允辉明白了，在华为有效的模式，未必就适用于每一家中小型企业。毕竟华为只有一个，而中小企业却有千千万万。不过，传统的管理无法支持企业发展壮大却是事实。宋允辉及时转变了自己的工作思路，不再照搬具体模式，而是传授方法论："在华为，你讲话只要保证能让本科水平的人能听懂就行了，而对这些民企职工，你讲的话可能需要让初中生都能听懂才行。"她将之比喻为做饼，如果给华为人的是一块完整的饼，那么在给这些民企员工时，还需要帮他们一片片切开。

两年间,她成功辅导了来自通信、IT、服装、汽车配件、机械、电子商务等不同行业的数十家企业,并着重帮助约10家企业进行战略规划。"创业现在不是'红海'了,而是一片'血海'。"她希望,通过传授自己在战略规划、组织架构、企业信息化程度方面的经验,能够帮助企业转型升级。前不久,她又一次完成身份转变,加入了一家此前曾进行管理咨询的高科技绿色纤维材料制造企业,担任副总经理,用自己18年的企业管理经验和11年的产品研发管理经验,帮助企业从制造业向服务业转型……

"不说了,我得去巡视了。"一个电话打来,"宋总"匆忙与记者打了招呼,起身又去了车间。

# 俞渭华

## 华友会"首席服务员"的朋友圈

文 / 王海燕

傍晚19时,室外33摄氏度,西安饭庄优亚主题餐厅的一间包厢里的人们谈笑风生。

灯火摇曳间晃动着12张兴奋的脸,说不完的当年事,道不尽的华友情。

这是一场跨界、跨行业、跨领域的促膝交流,12位宾客中8位是前华为人,他们中有中软资深研发者、酒类业务从业者、新华三高管、云计算从业者、人工智能领域创业者、高端面包店经营者、孵化器与早期投资从业者。

这座餐厅也颇有特色。圈内人都知晓,这是华为西安研究所的定点餐厅,是老华友与西安饭庄合作所设。据说,任正非每次来西研所,都会在优亚餐厅的这间最大包厢中和高管们交流开会。

座中身穿黄色华友会服的俞渭华是这次聚会的发起人。这位92届的西安电子科技大学子弟专程从深圳赶来,不单单是重访母校,也是为了华友会而来。

1970年生的俞渭华,1994年到2001年在华为工作,工号680号,可谓资深老华友。作为华友会会长,他的一大重头戏就是筹办华友会成立10周年大会，优亚餐厅的这次小聚正是一段小热身。

华友会是前华为人友谊联合会的简称，以深圳为中心，在全国各大城市乃至全球都有分会，目前已融聚了20000多名华友。

"虽然大家已经深入到全世界各个领域，但是华为的奋斗、踏实、创新精神一直流淌在每位华友的心中。"俞渭华指着身上这套华友会服的Logo说，华友彼此间发扬的就是"胜则举杯相庆，败则拼死相救"的精神，我们的口号就是"不拼爹、不拼娘，就拼背后十万狼"。

## 外派时工资月月都在蹭蹭涨

俞渭华是浙江人，在西安长大，后来定居在深圳，身上有一股兼容并包的气质。

1992年，他从西安电子科技大学毕业，被分配到西安邮电十所。西安邮电十所是中国最早的数字程控交换机研发之地，早期的华为研发人员很多都来自邮电十所。

说到华为，不得不说"两电一邮"，分别是位于四川的电子科技大学，位于西安的西安电子科技大学，位于北京的北京邮电大学。这是华为招纳毕业生最多的几所大学。

不过，西电毕业生俞渭华并未接过华为抛来的橄榄枝。

"我不太喜欢搞研发，还主动要求学校改派。"毕业后他没进邮电十所，而是进了陕西省计算机公司，公司是以惠普、AST电脑的代理起家的。但是"老板很有眼光，公司当时和台湾成立了一家合资公司，叫陕高技，做1000门数字程控交换机，一度比华为还走在前面"。

俞渭华的部门是一个新成立的无线通信部门，同事一半来自西电、一半来自西安交大，他当时的业务是到各个县推销无线寻呼系统。说是销售，实际上销售、设备调试、工程都要干，他还亲自爬上铁塔去安装天线。

"后来我们听说同一集团下的陕高技的工资1500多元，我们只有300多元，一比较，心理就不平衡了。"俞渭华干了1年辞职了。

1993年他南下深圳。一开始他在一家台湾公司做多媒体电脑的销售，从9月干到12月。12月，俞渭华在报纸上看到华为和通广北电都在招人，便前往应聘。

俞渭华记得当时在深意大厦华为面试他的是孙亚芳。孙亚芳问他："你想从事什么岗位？"俞渭华直截了当地回答："我想做市场。"

"两个公司的Offer（录取通知书），我都拿到了，当时华为开的工资是1500元，通广北电是1800元。可通广北电是在生产一线，华为是做市场，权衡之下，我选择了华为。"

1994年2月，俞渭华正式加入华为。"那年，华为的JK1000交换机卖了很多，我本来是市场部的，在生产线上实习3个月后就应该分到办事处负责销售，没想到公司的JK1000卖得非常好，那时候叫装机队，现在叫全球技术服务支援部，安装人员严重不足，于是我在生产调测岗位干了不到1个月就被派出去安装维修设备。"

那年3月，俞渭华被外派到山东、沈阳，一路向北，这一出去就是9个月，"我随手拿了几件衣服就出远门了，一直都在外面跑，一路买衣服，从离开深圳时候的一个小包到年底回公司时变成两个大拉杆箱。"不过，干得热火朝天的俞渭华心里却很踏实。"看到工资条我都傻眼了，每个月工资都在蹭蹭涨，到了年底我已经能拿到4000多元。"

1995年1月，俞渭华从装机队进入局机市场部，成为C&C08交换机的第一批产品推广人。此后，他先后担任局机市场部商业网部总工、华北片区技术工程部经理、太原办产品副主任兼交换接入网产品部经理、光网络重大项目部副总。

在和国外"七国八制"［行业内流传着"七国八制"的说法，就是说当时的中国通信市场上总共有 8 种制式的机型，分别来自 7 个国家：日本的 NEC（日本电气股份有限公司）和富士通、美国的朗讯、加拿大的北电、瑞典的爱立信、德国的西门子、比利时的 BTM（贝尔电话公司）和法国的阿尔卡特。］交换机以及国内巨龙、大唐、中兴三家公司的长期竞争中，俞渭华和他的团队创造了很多第一：在东北时，没有接受任何培训的他就安装了第一台东方 8000 用户交换机；在华北时，他们在天津大学开通了全国第一个 201 电话卡业务；在太原办事处时，第一次打破中兴的垄断把交换机做进市话等等。

1999 年在光网络重大项目部，当时俞渭华负责福建广电一个光传输项目，几个亿的标的，"我们和中兴竞争，由于中兴报了一个极低价格，中了标，但是我们没有放弃，因为我们的客户关系做得很扎实，技术部门也非常认同华为的设备。后来，中兴在测试中过不了技术部门的关，最终我们硬是把一个中兴已经中标的项目给夺了回来。"说起当年的豪情岁月，俞渭华不胜感慨，市场部兄弟最喜欢说的两句话就是"胜则举杯相庆，败则拼死相救""狭路相逢勇者胜"。这两句话后来被吸纳到华友会的精神口号中，作为标语印在了华友服上。

## 现在我们每天都在"修教堂"

俞渭华的家在深圳,长期出差在外,心里却记挂着老婆孩子。"因为个人原因,我向公司申请从市场一线转到后勤部门。"

2000年,俞渭华在华为有了新角色。作为营销干部培训中心主任,他为新进的华为人、成长中的华为人讲企业故事。他讲得最多的就是战胜竞争对手的故事,比如1994年在沈阳黑山处置华为设备因雷击而导致全面烧毁的故事;1995年年初局机市场部刚成立时在湖北农话市场上的团队作战的故事,"这些故事都充分体现了华为市场部的文化精髓"。

除了这些跌宕起伏、九死一生的励志故事,任正非本人还有很多经典语录。他曾经给市场部的人讲过一个故事:50年前有两个青年在抬石头修教堂,一个智者问他们:"你们在干什么?"一个青年告诉他:"我在抬石头。"另外一个青年则说:"我在修教堂。"50年过去以后,说抬石头的人还在抬石头,说修教堂的已成了哲学家。

任老板的这个故事激荡人心,也是俞渭华每每引用的经典,"华为公司现在每天都在'修教堂',为什么?我们瞄准了一个发展大目标,做的事情是天天在'抬石头',但是总目标是为了公司的核心竞争力的提升。"

2001年IT行业泡沫破灭,整个市场陷入恐慌沉寂,华为也遭遇重重危机。一直在扩招的华为要应对很大的人员压力,希望通过内部创业来消解一部分压力。"当时公司有个政策,大家可以提出内部创业申请,如果创业不成功,可以回公司,但股票要重新计算。"

当时不少华为人选择出来创业,最知名的就是李一男创立的港湾公司。俞渭华就是在此时申请离职的。

离开华为后，俞渭华和几个朋友先后做过华为代理、培训咨询等行业，还做过投资人。"2003年我们陆陆续续投了五六个公司，可以说是最早那批天使投资人。"

2004年，俞渭华加盟康佳手机，负责中国移动的高级定制业务。但他觉得自己跟康佳文化有点格格不入。"在华为，销售一线具有很大的话语权，研发部门需要紧密地配合。但在康佳，却是销售求着研发。" 1年后他就离开了康佳。

有几次很好的职业和创业机会，但因为工作地点不在深圳，俞渭华都放弃了，"孩子还太小，不想错过他们成长的时光。"

俞渭华一度决定再回华为。相关部门负责人已通过他的申请，恰恰那年遇到HR老大发文，不接受以前的华为人，只好作罢。

此后，俞渭华加盟了一个朋友的培训公司，做了几年总经理，后来进入创业服务领域，开始专心做创业孵化器。

## 华为人都喜欢选择"08"这个数

俞渭华的签名档是：华友会首席服务员。这些年，俞渭华尝试更替了不少项目，但有一件事，他始终坚持——华友会的组织运作。

早在2007年，那些游离在公司外面的华为人经常会搞小范围的聚会，"离开了大的平台，创业不容易，大家多聚一下，可以互助，互相鼓励。"俞渭华说。

2008年，他们建了一个前华为人网站，由傅军、胡勇、周道平3

位老华为人创立,这是华友会的前身。"当时开心网的开心农场、偷菜游戏正风行一时,这个前华为人网站也是采用先进SNS(社交网络服务)技术的社交网站,把开源代码放在上面,不到一年就注册了4000多名华友。"俞渭华和张利华当时都是网站上的活跃分子,俞渭华还是网站的管理员之一,基于线上平台的便利,他们分别在深圳、北京组织了很多线下的交流活动。

3位老华为人中,傅军是原华为第一新闻发言人,现在是长沙某芯片公司总裁;胡勇在华为曾做过海外大区总裁,现在是百度国际业务总裁;周道平是原华为高管,曾做过任正非的秘书,现在某智能电网公司任高管。

"把华友聚起来并非偶然。"俞渭华说,华为强调文化,却不是空想的文化,而是信仰、理想与技术产品的知行合一,是研发过程中众志成城的团体力量,是任正非穿越纷杂表象下的最直白思考:"我深深地体会到,组织的力量、众人的力量才是无穷的!"

任正非说过:"干什么都离不开团队。"这个烙印深深地刻在每个华友的心中,也刻在俞渭华心中。正因为如此,在离开华为成为知名培训师后,俞渭华仍乐于传播华为的故事;也因为如此,当他再次召集华友们以一种虚拟却又全新的形式再度连接的时候,坚持开放包容和利益分享,群内所有资源都对华友公益开放。

2009年5月,俞渭华、张利华和3位老华为人决定把原来前华为人网站的注册网友和QQ群的前华为人组成一个互助组织,正式定名为华友会。华友会的创建时间也敲定下来,即2007年08月08日。

"定在08月08日是颇有讲究的。"俞渭华说,这是为了纪念C&C08交换机,08机是华为产品里面最有代表性的。"我是第一批卖08机的,对它有感情。你看华为总机号码就是0808，很多华为人都喜欢选择两个'08'，这就是08机情结。"

与此同时，前华为人张利华在新浪微博群组织了一系列的助学慈善活动，邀请华友捐款资助贵州等省的贫困学生，大家都积极踊跃捐款，同时设立了一个慈善基金——前华为人慈善基金。后来前华为人慈善基金的很多慈善活动与华友会的活动总是相互交织在一起，华友会也是此类慈善活动的重要发布平台。

一开始，华友会只是在深圳、北京、成都范围内活动，2011年、2012年开始大规模建立国内分会，2015年开始筹建海外分会。

华友会分会会长如何选出？俞渭华说，这里有一定门槛：第一，具备公益服务的心，早期第一批各分会负责人都是在华友的慈善活动中付出过时间、金钱，本身又热心为大家服务的；第二，要有较强的组织能力，每个月至少组织1次活动；第三，华友之间不分高低，大家平等、包容、共赢。

## 干到华友会成立20周年再退休

"首席服务员"的人气很旺。他在朋友圈发布创投戈壁行的众筹帖，仅仅五个半小时，就众筹成功，排名第一。听说他要来上海，报名参加聚会的华友特别多，整整包了三大桌。

兄弟姐妹们都服气这位"首席服务员"，这么多年，俞渭华的重心一直很聚焦——华友，以及与华友相关的事。

华友会的口号很抢眼：不拼爹、不拼娘，就拼背后十万狼。俞渭华这么诠释：华友都是草根创业者，只有互相帮助，互相支撑，才能走得更远，走得更好。

这种互助就体现在华友会的日常活动里。以周为单位，他们组织华友夜茶交流沙龙、华友企业微参访、导师问诊活动，特别是导师问诊活动，会邀请资深的华友投资人对华友的创业项目进行点评、商业模式的梳理等。

以月度为单位，他们组织华友创想行业沙龙、华友论见技术趋势论坛、华友路演项目融资洽谈会，"华友路演促成了很多华友投资人对华友创始企业的投资。"俞渭华说，很多华为系知名投资人比如千乘资本熊伟、梅花天使创始人吴世春、天使投资人王利杰、金沙江联合资本合伙人周奇等都投资了不少华友创始企业，特别像华为前高管洪天峰的方广资本就是早期投资了华友企业云之讯的天使，使得云之讯获得了快速发展，在短短两年就发展到研发人员超过 200 人，销售额超过 1 个亿的规模。

很多华友对 2016 年 6 月举办的"粤港澳大湾区科技创客嘉年华"赞不绝口，这个活动邀请了在传统＋互联网、车联网、统一通信、VR/AR、物联网、人工智能、机器人领域的行业"大咖"及专家为大家指点迷津，盛况空前。俞渭华是幕后的总策划、总组织，那天他从早上一直忙到大半夜，事无巨细，躬身而行。"今年（2017 年）我们还打算举办首届全球华友创业大赛，国内 8 站，国外 4 站，将为华友的创业项目与资本架起一个更为通畅的桥梁。"

终日浸润在华友圈，俞渭华还身兼起红娘，建立了华友会单身俱乐部，为单身华友的交往架起桥梁，"后来我在一朋友开发的 1 号媒婆应用上注册为媒婆，很快我这里注册的单身男女超过了 100 人，而且未婚男士人数已经超过女士。"他有点儿小得意。

他还将心思放在了华友的健康关怀上，建立了很多体育兴趣俱乐部，比如华友足球俱乐部、华友网球俱乐部、华友乐跑团等等。这10年，他见过太多华友的沉浮：有人创业成功，也有人黯然离场，有人东山再起，有人老而弥坚，而最令人心痛、遗憾的是华友的英年早逝。

"曾主持过C&C08的软件系统开发工作的李仪，系统超过100万行代码，工号十几号，在华为做了20多年研发，是中试部的创始人之一，几年前因癌症去世了。"俞渭华还记得两个人曾并肩作战的日子，一个负责技术开发，一个在太原办事处做技术推广。"他离开华为后一直是在做技术咨询，你看他写的书，能把产品中试、产品平台、技术规划等方面介绍得这么深入，同类的书基本没有。"

由俞渭华倡导发起的"粤港澳大湾区科技创客嘉年华"活动，其中一个子活动是科技创客践行赛，主题就是呼吁创业者关注健康。整个徒步全长10.8公里，首届就吸引了42支队伍参加，参加人数达到420人。"选择徒步的形式就是希望提醒创业者关注自身的健康，无论多忙都要加强锻炼，有一个好身体，这是对自己负责，对家人负责，对伙伴负责，对项目负责，对投资人负责。"

他本人就是最好的践行者，坚持每天徒步。一日晨练6.3公里后，俞渭华上传了他的路线图，"今天我在粤港澳大湾区画了三个小圈圈，未来华友会去全国各地画圈圈。"

"首席服务员"给自己定了个小目标，"我已经坚持了10年，坚持再干10年，干到成立20周年退休。"

# 刘建云

## 外派国家波兰成了他创业的大本营

文 / 王海燕

"第一次被派到波兰,我的生活就是简单的两点一线。"本以为就是个匆匆过客的刘建云没有想到,日后有一天,自己的事业会在这个中欧国家开花结果。

2011年,35岁的刘建云再次被华为公司外派到波兰。4年后他辞去了东欧、北欧一线产品总监的职务,转身做起留学咨询服务。

"家人说我是小农思想,不就是想开个店嘛,现在都不说了。当年我在华为的波兰客户,一开始也不看好这个方向,现在成了我的联合创始人。"刘建云的口气里充满着自信。

作为波兰萃欧公司创始人之一,刘建云的公司在业内已获得不错的口碑,位于华沙中心地段的办公室刚刚升了级,"提到波兰留学,肯定要来找我,这一领域属我们做得最专业。"

## 华为1年抵得上中兴6年

刘建云目前的生活模式是"华沙—上海"两个城市间的不停切换。

前不久,他刚回到上海。

"不少人托我在国内买华为手机,国外要贵个七八百,毕竟质量好嘛。"一坐下来,他就掏出了华为手机。"我是华为的忠粉,用的也是华为手机。现在用的是第三部了,我也见证了华为手机的几个历史发展阶段。"

1976年出生的刘建云是江苏泰州人,2000年他从哈工大硕士毕业后,进了中兴通讯,一干就是6年。

2006年他应聘进华为。面试的那一幕他记忆犹新。"面试官当场就告诉我,会给我多少签字费、多少工资、多少股票。"

刘建云弱弱地问了一句:"工资能否涨一点?"

面试官回答他:"工资这块不行,但可以帮你再争取一点股票。"

"就这么三下五除二搞定了,很简单的事。"刘建云笑着说,自此之后,他再没有看过华为的工资条。"在华为从来不用为收入担忧,给多少就多少。"

从碧波路(中兴上海研发中心所在地)搬到金穗路(华为上海研究所所在地),也就是几条街的距离,他的角色还是在Marketing体系,是一位产品营销经理。

华为除了从大学直接招应届毕业生外,每年都会从其他公司招聘一些人员,比如贝尔、思科等,其中最好用的就是中兴职员,基本就是"无缝链接"。刘建云自然很快就上手了。

没过多久,他就被外派到波兰,负责企业无线产品的销售,与波兰供应商打交道。

2005年刘建云第一次来波兰。

"波兰是我有生以来第一个出国的国家。"初来乍到的刘建云有点寂寥。"其实相比欧洲其他国家,波兰不算冷清。波兰是中欧、东欧人口最多的国家,总人口约 3800 万,是上海人口的 1.6 倍左右,人气挺旺。不过,'独在异乡为异客'。"

那时,刘建云的生活就是在宿舍和办公室之间的来回,"我印象中都没去过市中心几次,生活很简单。就像大家说的华沙是一个悲情城市,我当时觉得波兰人比较冷漠。"

待了大半年,刘建云又回到了中国。"离开时,觉得和波兰没有交集了,就是一个擦肩而过的过客。"

2011 年下半年,他再次接到公司的安排,"征询我愿不愿意来波兰,我想都没想,就答应下来了。"

这一次,刘建云开始试着学波兰语,也认识了不少本地朋友,"波兰人简单、真诚,有着欧洲人的礼貌和规范,这里挺适合生活的。"

在西欧,很多国家的商场、餐厅很早就停止营业,但在波兰,除了万圣节、圣诞节等法定节假日,所有商场、餐厅均是正常营业,包括周六、周日,一般都会营业到晚上 9:30 左右。

"波兰的物价也适中,欧洲就属挪威的生活成本最高。华为有规定,世界上任何城市都可以打车,唯独挪威不行。我曾有下属到挪威出差,只能坐地铁和公交,如果打车要花 2000 多元人民币。"

一切都走上了正轨,刘建云开始融入波兰的生活。可随着年龄的增长,安稳里又隐隐透着不安。

他觉得,自己的事业到"天花板"了,接下来怎么办?"任何人问我,我都说华为非常好,我在华为的 1 年,抵得上在中兴的 6 年。但该学的我都学了,研发、销售都做过了。我对自己有个安排,要么在华为再升一级,要么就在 40 岁前离开。"

刘建云是东欧、北欧一线的企业无线产品总监，本来有个机会他可以申请到所有产品的总监一职，但未能如愿。"于是我开始筹谋另一条路。"

他向上司提出离职申请，上司极力挽留他。但他还是坚持要走。"我当时就跟上司打了个比方，现在我的情形就似大腿陷入了泥沙，如果再待两年，泥沙就齐腰了，那时你再想拔腿也很难拔出了。"

这个问题，他也曾和家人争论过。"如果我到了50岁，发现自己还在想没有做的事情，一定会很后悔。"刘建云把这个归结为"一颗不安分的心"——"就是马斯洛的需求体系，满足了安全等基本需求，还要有自我实现的需求。"

## 我做留学就要做得很"白"

做好了离职打算，甚至具体到哪个月，他都想好了。可他没有想到，自己接下来的事业依然和波兰有关。

"做留学咨询缘于一个偶然事件。"刘建云说，两年前，有位德国朋友跟他提过这件事，她想在中国找所正规的学校，让他帮忙招波兰学生。

刘建云做了番研究，发现这条路根本走不通。在国外孩子一满18岁，家里就不供钱了，孩子也不愿意接受父母的资助，都是自己打工，这是他们的文化现象。而国内城市的消费水平都不低，这对没有资助的外国留学生来说，是一笔不小的开支。

那位朋友后来改变了策略，让刘建云在波兰找学校，从中国招留学生。

"我还真的找到了一个学校，可是对方没下文了。我当时就想，她这条路没走通，那我自己来走。"

决定这个创业方向后，刘建云发现，里面大有文章可做。波兰留学之所以冷落，主要是因为国人不熟悉这个国家的情况。"如果把眼界放宽些，对留学的本质意义理解得更透彻些，我们就知道留学其实并不一定要仅仅局限在英国、美国等热门国家。可以选择去留学的国家很多，波兰就是这样一个留学性价比极高的国家。"

他当场算起这笔账：波兰有不少国际知名大学，留学成本也很低，1年学费加生活费大约7万元人民币。一些比较热门的专业，如果毕业应聘到波兰公司，3个月试用期满就可以有12000元人民币左右的收入，这在波兰可以过得很潇洒。公司每年有25天左右的假期，工作满2年就可以在波兰买房，当地房贷利率很低，4%不到。

他也发现里面的水很深，因为信息不对称，一些留学中介做得很不规范，坑多、服务也不到位。

"如果我做留学就要做得很'白'，要为大家提供准确的留学信息及入学到入职的全程管理。"

他有个做财务的华为女同事，也打算出来创业。"出来前我就跟她打好了预防针，你可要想好了，创业需要的是全方位的综合能力，全部得靠自己。"

这句话也是他对自己说的。刘建云心里很清楚，在华为你再优秀，也就是一颗优秀的螺丝钉，做任何事情，上下左右都会帮你。可一旦自己创业，情况就不同了，什么都得自己来。

他就从爬格子做起。"我写了很多原创性的文章，不谈招生，就谈波兰这个国家本身。"说起写作，刘建云有点兴奋，"写得挺辛苦，但也有成就感，可以说，我写的这个系列前无古人，很多人就是看了我的文章成为我的客户的。"

## 波兰语讲得越来越好

波兰成了他的第二故乡，为了更好地开展业务，刘建云正在苦学波兰语。据说这是世界上第二难学的语言（第一难是匈牙利语）。

他的联合创始人 Tomek 也说，刘建云的波兰语讲得越来越好。

Tomek 是刘建云以前在华为的老客户，比他年长 10 岁，是波兰 IT 领域的专家，懂一点中国文化，喜欢中国的书法和围棋，"他知道我离职了，在做留学咨询服务，但不以为意。"刘建云觉得，在波兰创业仅仅单打独斗成不了气候，Tomek 是他多年的老朋友，彼此信任，他想争取他的加盟。

"这中间确实是花了我一番功夫，我向他解释，他开始关注我做的领域了，后来决定拿出资金参与公司投资，这也是我们的缘分。"

于是，刘建云主导公司业务，Tomek 负责公司法务及财务方面、社会关系的处理，"虽然文化背景不同，但我们配合得相当默契。"

公司注册成功后，刘建云组织了一次庆祝 party（聚会），他邀请了 Tomek 和家人一起参加。Tomek 的妻子和儿子都来了，"Tomek 后来告诉我说，他妻子非常赞赏我，说他和我一起创业开公司，她完全放心。"

有时也会遇到一些小摩擦，公司雇佣的一个波兰小伙总是懒懒散散，上班老迟到，碰到问题会推说一堆理由。好在经过一番调教培养，小伙子也上道了。

仅仅 1 年多时间，公司业务就翻倍，目前已和多所大学签订了合作协议，留学申请成功率 100%。不仅如此，他们在中心地段的办公室也升了级，到华沙老城步行只要十来分钟，"目前在华沙的中国企业，还没有像我们这样在中心地段拥有一间很正规的办公室。"说起这些，刘建云挺自豪。

也有朋友表示不解,如果做欧洲移民业务要更赚钱,为啥不做移民呢?对此,刘建云总是很有耐心,"移民不是常规性的业务,是短期的。但留学服务是长期的,有很好的发展前景,我们是在文化交流这块领域播下种子。"

对那些已申请留学成功的学生,刘建云总是呵护备至,嘘寒问暖,"我是放长线地培养,昨天和一个重庆孩子聊天,他说我就像他的兄长,我挺高兴的。"

"你知道吗,我一直在想中国和波兰的教育差异问题,为什么同样年龄的孩子,心智成熟度有差异,国外的孩子是怎么培养出来的?"显然,专注于留学咨询服务的他,期待有一天,萃欧还能够在中国和波兰文化交流领域成为一座有特色的桥梁。

# 翁震鸣

## 当年他是拿下华为第一单葡萄牙合同的"大将"

文 / 吴頔

在华为,能外派海外近 10 年的,不算多。在华为,离职后还做通信行业的,也不多。这两样翁震鸣都占了。

现在,翁震鸣的身份是西班牙华人通信运营商友谊通信公司的 CEO。取得联系时,他刚刚从西班牙回国,航班落地,连手机卡都还未来得及办。

"过两天就走了,在上海办卡,外地用着不方便。"10 多天的假期里,他要见客户,谈合作,回老家福州,陪爱人回昆山的娘家,还要去南京参加大学同学聚会。18 年前,他从东南大学毕业,无线电专业的 180 多个毕业生里,半数都去了华为,翁震鸣便是其中之一。

### 半年出差 180 天,他却"巴不得天天出差"

说起福建人,许多人的第一印象就是"爱拼才会赢",这一点在翁震鸣身上非常明显。

2000 年入职那年,翁震鸣被派去云南做售后服务,对当地的光纤设备进行维护升级。除了西双版纳,他跑遍了云南的每一个角落,几乎每个县城都有他的足迹——"不是在出差,就是在去出差的路上。"

那年10月到12月,3个月的时间里,他只有1天没有出差在外。常常是头天晚上刚到位于昆明的华为云南代表处,箱中的行李都还没全取出来,第二天一早又要乘中巴车踏上旅途。有时甚至上午刚出差回来,晚上又要坐着卧铺大巴一路颠簸,前往下一个站点。

那时,华为并不是技术最先进的企业,却靠着优质的服务打开了一片广阔市场,因此,每到一个县城,翁震鸣都被电信局当作贵宾。"不少大公司的维护工程师可能几个月才会来一趟,安装设备需要3个月以上,我们1个多月就能装好,而且随叫随到,半夜都会出动。"有一项在昆明与迪庆之间对接光缆的任务,每隔大约80公里就有一个站点,需要人工对接光纤,进行插板安装。这些站点里不乏处于深山老林、荒郊野岭等地方,"连虎跳峡都去过"。

随后的2001年,翁震鸣被调往深圳总部,但要前往全国各地进行技术支持。年底,他收到一张清单,从6月10日到12月31日,半年多的时间里,他有180天在外出差。朋友帮他算了笔账:即便每次出差回深圳都住五星级酒店,也比租一套公寓要划算。

强度大,条件差,不归家,连轴转,翁震鸣却乐在其中:"巴不得天天出差。"

为啥?

"保障好啊!"如今回忆起来,翁震鸣的嘴角还是抑制不住地上扬,那时的出差补贴,是每天150元,去县里出差,他都会直接问最好的酒店是哪家,毕竟,即便是最高档次的酒店,一晚的房费可能也才60元。"一个月就是4500块钱!这是什么概念,可以在上海买1平方米房子了。上大学的时候一个月伙食费才 300 块。"

工资也很高。毕业时,华为给翁震鸣开出的薪水是每月 4000 元,"大家心里都没底,感觉像骗子公司一样,高得离谱。"那时,一般毕业生工资才 1000 元左右。入职没多久,一位老员工在电梯里问:"小翁,现在一个月能拿多少?""4000。"自我感觉良好,翁震鸣回答得也干净利落,对方愣了一会,吞吞吐吐挤出一句"好……"他这才发觉,身边人薪水都比自己要高。不过很快,凭着在重点项目中的突出表现,他的薪水在 4 个月里涨了 3 次。

"很多人都觉得在华为干上两三年就差不多了,虽然待遇好,但确实很辛苦。"那时的翁震鸣也有同样的想法,抱着多长见识的心态,2003 年,他申请了外派出国,至于去哪,他自己不知道。"去非洲、去拉美都行,别去俄罗斯就好了,他们喝酒太厉害!"

最终,一纸调令下来,翁震鸣去了欧洲。

## 为讲 15 分钟 PPT,他关在家里练了整整 3 天

"今早在肯德基吃早餐,发现现在肯德基的本土化程度已经非常高了,居然还有烧饼油条。"在星巴克的收银台,翁震鸣熟练地点完单,回头告诉我,"现在在欧洲,很多商场里都能看见中文标语。"

"10 多年前可不是这样。"他话锋一转。

2004 年,翁震鸣开始常驻葡萄牙,担任产品销售。连他在内,葡萄牙代表处总共只有 4 个人。找办公室、找宿舍、找律师、做饭……这些都要自力更生。直到这一刻,学了多年英语的他才突然发现,自己

学的原来是"哑巴英语",面对金发碧眼的外国人,支支吾吾半天憋不出一句完整的话。

生活上的困难还是小事,如何取得老外的认可,才让这几个初来异乡的华为人挠破了头皮。那时,他们正与葡萄牙第三大的移动通信运营商商讨一项光纤干线建设的工程。如何说服严谨的外国人冒着风险将业务交给一家他们了解甚少的中国企业?华为人的气魄在此刻显现了出来。

不计代价!带着这样的决心,他们抛出了让对方无法拒绝的条件:半价,并且服务响应随叫随到。每天,除了常驻葡萄牙的工作人员,国内前来短期支援的研发人员也都在工程现场。那一次,为了向客户讲一个时长15分钟的PPT,翁震鸣把自己关在家里练了整整3天。最终,从4月抵达,到7月签字,这笔26万欧元的合约,成为华为第一个在葡萄牙签单的项目。

"打山头""攻城池",在与许多华为人的交流中,常能听到他们用这样的字眼来比喻攻克难关的过程,翁震鸣也不例外。虽有些老套,却是最贴切的。

"碰过的壁数不清。"2009年,翁震鸣离开位于德国的华为欧洲地区部,从光网络产品欧洲销售总监的岗位调任西班牙代表处的副总经理。

今天,在百度上搜索翁震鸣的名字,跳出来的第一个结果,是一条发布在天涯社区的帖子——"西代翁震鸣一年亏损9000万美元"。

事实全貌不止如此。2010年时,虽然3G业务飞速发展,华为在欧洲却已经连续18个月没有1单3G项目进账,整个华为欧洲地区部都深感压力。在西班牙,为拿下移动运营商Orange(一家法国电信运营商的一单生意，华为倾尽全力。"不管用 1 颗炮弹，还是 6 颗炮弹，你只管把山头打下来！"老总任正非的话，翁震鸣至今还记得。如果一个项目被确定为关键项目，不管付出怎样的代价，都要将它拿下。华为人的团结拼搏精神在这个项目中得到了充分的体现，这个项目从最初的亏损，到最后连同后期的扩容项目一起累计盈利几千万美元。

## 昔日"大将"转型"小客户"

"其实在华为，没时间想那么多长远的东西，忙的时候日子过得很快。"刚进入华为时，翁震鸣与不少人一样，打算干两三年攒点钱就走人；刚去国外时，翁震鸣的打算也与不少外派人员一样，以为自己两三年就会回国。

时光荏苒，一眨眼，翁震鸣在华为就成了 10 多年的老员工，爱人也跟着他来到欧洲定居，在这里，他们还迎来了两个孩子的降生。

公司规定，一名员工外派欧洲不能超过 8 年，在同一个代表处则不能超过 5 年，到了 2012 年，本应圆满"毕业"的翁震鸣，由于手头还有项目，不宜中途换人，就"超期服役"了 1 年多，一不小心成了外派欧洲时间最久的华为人。

按规定，功德圆满的他就将调离欧洲，回国或是调往其他大洲，但随着孩子渐渐长大，到了入学年龄，出于家庭考虑，翁震鸣想要安定一些，而从职业角度考虑，他也不是很想回国："剩下能全力拼搏的时间也不是很多了，我觉得自己还没到退休的时候，还想尝试些新东西。"

2013 年，翁震鸣走出华为，出任西班牙友谊通信公司的合伙人和

CEO。友谊通信成立于 2008 年,是唯一一家在西班牙电信业合法注册并获得独立运营的华人通信企业,也是唯一面向华人的全业务电信运营商。"掌握一个公司和负责一个部门,还是有区别的。这对我自己是一个挑战。"

彼时,这家依靠华侨纽带发展的企业,正遇上前所未有的发展瓶颈,和西班牙的专业电信公司相比,竞争力并不强,企业经营一度有些困难。如何让公司在短时间内实现赶超?如何研发出更满足客户需求的产品?如何让公司实现盈利?直接出任 CEO 接手公司,从电信设备的供应商转型为运营商,即便是拥有 10 多年电信行业工作经验的"老江湖",翁震鸣面临的挑战也着实不小。

好在公司里除了翁震鸣,公司的高管和技术人员几乎也都是"made in 华为(华为制造)",原本就是"老战友"的他们密切合作,在新的阵地开疆拓土。友谊通信的 CTO(首席技术官),西班牙人何塞,曾是翁震鸣在华为时的同事。"国内许多人都以为外国人不加班,一到天黑店铺都打烊歇业了,其实不是这样。"这些年在西班牙,他发现,外国同事的责任感、工作能力和自我付出的精神同样不逊于以高强度工作著称的华为人,"凌晨两三点、清晨六七点收到他的工作邮件是常有的事。"

凭借在电信行业多年深耕细作积累下来的经验和扎实人脉,这个由原华为人掌舵的公司,在专业化程度方面逐渐得到同行与客户的认可。他们大胆实施了改革,推出了更适合用户的产品,并加强了与水平领先企业的专业合作,提升自身技术水平。

在翁震鸣的努力下,很快,公司的客户数就翻了一番,扭亏为盈。2016 年,友谊通信含税营业收入顺利突破了 1000 万欧元大关,成为西班牙华人通信公司中的领头羊,在马德里、巴塞罗那和瓦伦西亚都设立了分公司和直属营业厅,在西班牙全境有 50 多家一级代理商。

　　同时,作为昔日"大将",翁震鸣也没有忘记老东家,他与华为开展了深入合作,不仅采用了华为的 BSS 计费管理系统,还成为华为手机的代理销售商。"华为是我们的重要合作伙伴,但我们只是华为的一个'小客户'罢了。"如今,在翁震鸣的朋友圈中,还能看到不少与华为相关的内容,友谊通信也已成为西班牙华人通信公司中的领头羊,和华为一道为客户提供最先进的 4.5G 网络。"我大学毕业就进了华为,不管今后从事什么工作,这个烙印都会一直铭刻在心。"

　　"不少离开华为的同事,也同时离开了这个市场,但我坚信通信行业仍然大有可为。"在他看来,通信行业前景广阔,新机会、新技术层出不穷。在华为和友谊通信工作经历的基础上,他可以在未来探索更多的可能性。

# 张志强

## 半年华为经历给这位"90后"创业者留下什么?

文 / 吴顿

"'卡哇伊'居然来北京了!好想去围观!求行程求地点!"那天中午,我在张志强的微信朋友圈里,看到这样一条状态。他给文字配上了一张照片,图中正是那位他称为"卡哇伊"的NBA球星。

"下午2点在世贸天阶!"我忍不住回复了他,不仅因为我发现我们竟恰巧是同一位球星的粉丝,也是因为,他是我开始采写这个"华为离职江湖"系列以来,认识的第一个华为"90后"。前前后后认识的好几位曾经的华为人,当中相对年轻的,也已快35岁了,毕竟,在职场打拼出一番名堂,总归是需要些年头的。

不过后来,虽然知道了时间地点,张志强还是没有去,而是参加了一场创业者活动。"不能影响工作呀。"这句话他常挂在嘴边,采访时,当他得知时间要远远超过他所预计的1小时,便有些面露难色。"创业之后,工作可一点都不比以前在华为轻松。"

这个1992年出生的小伙子,身上挂着太多让人羡慕的"标签":清华毕业、就职华为、穷游全中国……每一样都足够拿出来说上半天。不过现在,他把自己称为"连续创业者"。

## 还是叫我"学习者"吧

创业者，不难理解，但"连续创业者"是啥？网上搜索了一下，打开词条，描述令人感到有些意外：

"连续创业者，就是成功或失败地操作过不止一个，是两个，三个，甚至更多的创业项目或者商业模式的这样一批人。他们从以往的失败或成功的创业经验中分析市场前景，分析手头项目，分析未来盈亏，都比第一次创业的创业者显得容易。"

还有一句更不留情面：

"就是每次创业都失败的人，这些人令投资人胆寒，他们出门买包烟能碰到10个追债的。'读书人的事儿能算偷吗？创业连续失败的能叫失败吗？当然不能'。"

有点"屡败屡战"的味道。可见，这并不是一个十全十美的词，至少是褒贬不一。敢以此自居，还挺有胆量。翻开张志强的简历，从2015年8月至今，他作为主创或团队成员参加的创业项目就有6个，涵盖了酒店民宿、青年社区、付费问答、户外文化、媒体营销、社交共享等不同行业。

"种子轮，失败"；"种子轮，获得投资机构百万投资，最后因为股权方案没有谈拢而婉拒"；"找到个体投资人投资30万元，后因资金链问题放弃"。前三个项目，张志强的进展并不十分顺利。

"我觉得叫我'连续学习者'，可能更准确一些。"张志强说。在创业这件事上，自己还只是一个"小学生"，每次换行业、换公司，都是一个学习新知识、获取新经验的宝贵机会。慢慢地，他的事业有了起色，如今，他在积致科技担任市场总监，这是一家主营项目技术开发、技术咨询与技术培训的互联网科技公司，就位于他的母校清华大学南门外。

"以前在华为，客户都是大公司，创业就不一样了，有一个单子就能活下去。"如今，人微言轻，为了争取"活下去"的机会，他必须放低姿态。华为的经历让他学习到，企业的成功必须要以客户为中心，"以前每周都有 2 万元的预算，用来打点客户关系，现在只能参加和组织各种沙龙，努力多认识不同的人。"

同时，由华为离职员工组成的华友会，也在资源、资金方面给予张志强很大支持。一方面，大家会互相推送职位信息和行业最新进展，交流学习；另一方面，还会经常邀请嘉宾，分享各自经验。"北漂创业，能有人提携，有好的学习社群，非常不容易。"

张志强的本科同学们，如今还有不少仍在校园里攻读学位，争取毕业后进入国家电网这样的国企。没有选择这样看似稳妥的路，他却毫不后悔，在他看来，自己是"笨鸟先飞"，虽多了些辛苦，却积累了更多人脉与经验。

"所有的收获都需要靠自己争取，努力一定会有回报，这样的'奋斗者文化'是我在华为学习到的。"

## 为等客户，他在东北的寒夜中站了 2 小时

虽然早已是国内通信设备行业的巨头，但华为真正广为人知，其实还是近些年的事，依靠手机产品，他们在普通消费者中打开了市场，张志强也是在这时被"圈粉"的。

2013年年底,在清华电机系就读的他进入了大四求职季,与不少同学"广撒网"的海投简历方式不同,他直接将目标对准了华为,足足研究了华为一个多月,连天涯社区的华为板块,都被他翻了个底朝天。机会总是青睐有准备之人,张志强如愿过关斩将,顺利通过层层考核,进入了华为,任职运营商BG(Business Group,是华为公司2011年组织改革中按客户群维度建立的业务集团)客户经理。

他对自己的定位十分明确:在社会大学之中学习社会经验、积攒人脉,再苦再累都没关系。

然而在深圳完成3个月的培训后,每个新员工都要被分配到其他省(区市)的一线办事处,不仅要远离家乡,还要远离大学所在地。就这样,在江苏出生、北京读书的张志强,被分到了哈尔滨,维护黑龙江省电信采购部、财务部、法务部的客户关系,负责合同、回款和收入确认工作。

原先,张志强以为自己会被派往国外,最后却被派往了离家上千公里的黑龙江,这有些出乎他的意料。同时,高强度的工作也让他颇感压力。他所在的部门仅有4人,业务却覆盖全省,人少事多,"早上起来就要处理几十封邮件,有时在出租车上都会打开电脑做合同,夜里工作到一两点也很正常。"而到了周末也难有清闲,还得陪客户、谈生意。

有一次,为了等待客户商讨合同细节,张志强在寒风彻骨的冬夜,守在客户家的小区门口,足足站了2个小时。没吃晚饭,又乘出租车长途颠簸,原本就有些感冒的他,浑身虚汗捂在羽绒服里,冷风一吹,冰凉刺骨,胃里翻江倒海,最后直接吐在了路边。

2015年3月的一天,午夜时分,月黑风高,春寒料峭。张志强离开单位,走在哈尔滨的街头,突然被眼前的景象震慑住了:昏黄的路灯下,一堆支离破碎的模特凌乱地堆放在路边，雪白的零部件与路边混杂了污渍的积雪融为了一体，"当时感觉，眼前这堆模特就有点像我自己。"

"刚入职的时候比较年轻，遇到了坎，没挨住。"在这里，他待的时间并不长。考虑到自己外派出国的愿望并未实现，加上黑龙江的发展前景不如北上广深等大城市，他留下了一份认真思索后的辞呈。在华为的这段经历，让他学习到很多社会工作的经验，认识了很多朋友，"创业初期没有收入，他们还借我钱、给我地方睡。"

结束了这段前后 6 个月的短暂旅程后，张志强又踏上了一条独自穷游全中国的新旅程，在华为，他还攒下了旅游的经费。"有一句话叫'读万卷书，行万里路'，我们'90 后'，从小到大书读得很多，路却走得很少。"他想借着这次旅行，了解中国商业环境，学习传统行业，同时也认识更多朋友，分享各自阅历。

## 150 天，结识 150 人

2015 年 3 月到 8 月，5 个月，张志强走遍了 30 个省（区市）的 50 多座城市，还初步了解了 15 种行业模式，住过酒店、青旅，也睡过沙发、网吧、麦当劳，乘过火车、大巴，也坐过轮船、骑过单车。

"对于我来说，这趟旅行就是个学习的过程。"大概这就是学霸的基因吧，在张志强的观念中，创业是学习，工作是学习，旅行也是学习。

了解张志强的朋友都知道，作为工科生，他对历史和地理并不熟悉："我曾经闹出个笑话，问朋友'青海是属于哪个省的'。"在这趟旅行中,每到一个大的地方,他就立马搜索当地博物馆的地址,去感受中国历史与文化的博大。

"曾经有朋友问我,旅行几个月你不无聊吗?不累吗?"的确,每天坐火车、坐公交、徒步至少几千米,风景再美也会审美疲劳。除了对旅行的热情、了解社会的欲望,张志强最大的动力,就是结交新朋友。一路上,他认识了超过150位新朋友,微信好友的名单每天都在增加,消息通知也越来越多。

"不一定是因为便宜,喜欢旅行、喜欢交友的人,可能骨子里就喜欢硬座。"虽然舒适的交通方式有很多种,张志强却对火车硬座情有独钟。在他看来,这种4个人或6个人面对面成一组的设计,很容易让人成为朋友。聊天、打牌、帮忙搬运行李,与站票乘客共享座位,都是互相认识的方式。

在火车上,张志强认识了去青海湖骑行的鄂尔多斯小伙子,认识了投资失败皈依佛教的大哥,他在夜里把座位让给别人,自己则盘腿坐在地上,还认识了在北京当编剧的年轻人,还有好多不知道名字、故事也忘记了的人……"在火车这么短暂的旅程中,我们很难真正地去了解一个人的生活。"人们往往不愿把自己的内心想法告诉亲友,却愿意向初次见面的陌生人倾诉,张志强需要做的,仅仅就是做一个倾听者。

而作为一名摄影爱好者,在旅途中,他还拿着手机、相机,发现每个城市最普通的角落,记录人们的生活节奏,和他们脸上的表情,并因此认识了不少朋友。

"脸皮要厚!脸皮要厚!脸皮要厚!"翻看照片,面对满脸羡慕、好奇取经的我,张志强直呼"重要的事情说3遍"。他告诉我,在拍摄时,不少人的防范心理其实非常重,了解来意后,大部分都会直接拒绝,快步离开。"被拒绝20次,就再去找第21个目标,如果到晚上还是一无所获,那就买杯奶茶回去吧。"他经常会搭讪两三人一同出行的女生,对方比较有底气,也不太容易跑开。遇到外国人时,成功率就会很高,他们会耐心听,主动配合,笑容也非常自然。拍完过后,张志强会主动询问对方是否需要照片,如果需要,加个微信,就成了朋友。

听了他的经历,有人很羡慕,也有人问,旅行那么久,需要些什么?张志强总是这样回答:钱,空闲时间,充分的计划,健康年轻的身体……这些其实都不一定是必要的。"有的朋友带着几万、几十万出去玩,也有朋友身上一分钱没有就出去了。"

"很多事情,做起来其实比想着要容易。"

# 张利华

## 当初她提议立项手机，任老板曾当众拍桌子

文 / 王海燕

约张利华不容易，她第一句话就是，"采访我之前，你得把《华为研发》读一遍！"

于是老老实实花了 3 天时间，啃完了这部书。收获挺大，华为早期那些人和事开始在我脑海里丰满清晰起来。

"从女性视角看华为，会更多一份细腻吧。"那天，我们约在了虹桥站的星巴克。张利华一大早赶来，一件素色旗袍，简单地束了个发髻，婉约中带几分干练。

1997 年年初张利华进入华为工作，她曾在研发部、交换产品部、业务与软件产品线、运营商解决方案部、手机终端公司筹划组等多个部门就职。离职后，她以做管理咨询与撰写《华为研发》为圈内外所闻名。

去年，她的《华为研发》第三版付印。"我亲历了华为突然由盛夏转寒冬，办公室里突然离职过半，而生产线仅开工 1/3 的艰难岁月。"她反反复复强调"寒冬"这个词，这正是第三版新增的篇章。其中，最有戏的莫过于华为手机决策的部分细节披露。

"当初因为提议立项华为手机，任老板曾大发雷霆当众拍桌子。我

以为自己要被开除了。"她绘声绘色地讲起华为手机申请6年被否,后来10分钟又被决策立项的来龙去脉。

"《华为研发》前两版的销量如何?"我问她。张利华笑了笑,"一般吧,不算很多。没法与韩寒的书比,读者只是一个小众人群。"这显然是属于华为人的低调和自谦。采访过的前华为人都说,能在华为工作的女性都不简单,张利华当然不例外。

## 离职前几乎每个月都去医院打吊针

2016年3月至4月,张利华在美国硅谷、哈佛大学等地做了10场关于中国式创新的演讲交流。

来听讲的人很多,场面热烈,互动精彩。有人尖锐地向她提问:"作为一位离开华为很久的雇员,你为什么要帮华为说话,而否认华为是因为中国政府支持而取胜?"

"当时,我的声音哽咽。我望着这位提问者,请他看看我头上的白发,我40多岁,年龄不算太老,但已半头白发,我和同事们曾经在华为如此辛苦地工作,如果华为的取胜是靠政府打几个电话这么容易,那些年我在华为还需要那么辛苦地每天工作到晚上三点才回家吗?"

坐在对面的张利华,指了指两鬓的簇簇白发。我笑着安慰:"不仔细看的话,其实并不明显。"

就读于电子科技大学的张利华,研究生毕业没几个月就从上海外企离职到深圳加入华为,主动放弃上海户口。其间,她主持过大量新领域的开拓工作,曾任华为公司研发部校园卡产品经理、华为交换产品部副总工程师、华为业务与软件产品线总工程师、华为手机公司筹划组负责人之一、华为运营商解决方案部负责人之一。

"凌晨 3 点睡觉,7 点起床,8 点半上班。这个工作节奏我都习惯了。"说起当年的拼,张利华有点儿激动,"当时压力很大,只要稍微处理不当,公司产品在市场上马上被淘汰出局。离开华为的前一年,因为身体透支,太劳累,几乎每个月我都去医院打吊针,但这并不影响我日常的节奏。"

的确,张利华在华为的那些年,正值华为的"冬天"。有段时间她在上海,华为当年准备进驻上海的时候,七八年"颗粒无收"。要知上海一个世纪前就有电话,国外厂家也早已实现本地化生产,合资关系已有数十年的基础。华为怎么去突破这种局面,打开上海市场?"那时,华为取得每一个市场都是如此艰难,以至于我每天揪着头发想,怎么产品创新去突破强自己百倍的全球著名竞争对手。"

所以不难理解,在面对"华为到底是否有中国政府的投资背景"等问题时,张利华会冒出骨子里的自信和有点愤怒的语气。

2016 年 4 月 5 日在 IMAPS 英文演讲过程中,当再次面对这样的质疑时,张利华的回答掷地有声:早期华为的 GSM 和 3G 产品线累计投入 40 亿元人民币后,历经数年在中国市场仍无法取得突破。如果华为有政府支持的话,3G 应该最先在中国应用,CDMA1X 不会被迫转战国外。相反爱立信、思科、摩托罗拉在国内有很大比例。直到在海外打开市场证明自身实力之后,2008 年华为 3G 和 GSM 产品线才在中国市场取得实质性突破。华为在发展历程中的这些九死一生的艰难,特别是在早期开拓中国市场的艰难,都是对华为不存在中国政府官方投资的历史证明材料!

她的英文演讲最终获得全场掌声。

虽然学的是工科，但是张利华的表达能力很强。《华为文摘》汇集了历年来的优秀文章，其中就有张利华2001、2002年在公司发表的文章。"我是公司最早的那批特聘老师，我还留着那张证书呢，有很多华为干部的考试题都是我出的。"

她写华为的苦。苦中有浪漫——几乎每个华为人都备有一张床垫，卷放在各自电脑台的下面。灯火阑珊，他们在这张床垫上累了睡，醒了接着干。

苦中也不乏幽默——她曾待过的交换业务部，是当时接受中科大学生最多的部门。有位刚毕业的项目经理管理风格颇具特色。一次，坐在办公室最后一排的他发现某人下班时间在打游戏，而不是在做今天尚未完成的软件。于是，他悄悄地通过局域网潜入对方电脑游戏中，害得对方当日游戏关老攻不破，兴致全无只好转回去做程序了，而这位项目经理在后面"嘎嘎"偷笑。

工科生那专业又顽皮的形象跃然纸上。"我可是亲眼看见他这么收拾的。"说起这一幕，张利华也在笑。

## 手机立项这事一度是公司忌讳的话题

"当初，你在华为时曾想过写这本书吗？"

"工作时想的都是如何突破，写书是在离职后了。"

2003年年底，32岁的张利华决定辞职。一开始她在深圳创业，几年后这个公司卖掉了，很快她开始做管理咨询。

"这里面有一个'看见'的过程，一方面我自己有两三年创业的经历,让我看到了华为的经验很值得总结和借鉴;另一方面,我也接触了很多企业,我发现哪怕非常有名的企业,相较于华为的管理都要落后10年以上。"

2005年,张利华有了写书的想法,她开始收集和梳理素材,直到2009年《华为研发》正式出版,可谓四年磨一剑。

在华为,很多人聆听过任正非的经典名篇《华为的冬天》。任正非坦诚地面对这么多人,诚恳地承认自己在几件事上的重大失误。

这也是她写书的"眼"。那时候,华为处于什么情况呢?就是常规比赛比别人落后几十年,只能在花样比赛中满分胜出,可以说,每天都是生死。里面有不少鲜为人知的桥段,包括现在卖得大火的华为手机,这也是《华为研发》第三版首次披露的精彩细节。

2002年9月30日,松下和爱立信的手机测试通过了华为的彩信业务。国庆节,张利华到移动营业厅看到彩信业务旺盛的销售情况:中国移动各营业厅,消费者排队上百米只为抢购一部能收发彩信的手机;松下GD88,诺基亚的彩信手机都卖8000多元,一机难求。当晚张利华就开始给公司最高层写报告,建议华为公司立即做可以支持移动数据增值业务的2.5G和3G的手机终端。

2002年10月底,北京国际通信展开幕。张利华负责给公司高层领导介绍整个通信展体现的技术新趋势时,把之前准备的华为要尽快立项做3G手机的材料边走边说了一路。通信展后张利华就收到徐直军命令:准备一份给任老板的正式手机立项汇报材料。

在准备材料期间,张利华当时同时在3G业务小组,受邀请参加了一次任老板亲自召集的对无线产品线讨论会。

会上当任老板让大家畅所欲言时,张利华忍不住大声说:"华为的

3G 设备只能卖一次，但是消费者一年会换好几部 3G 手机，中国有好几亿手机消费者。华为应该尽快立项 3G 手机！否则会失去巨大的市场机会。"

任老板一听，"啪"，很响地拍桌子说："华为公司不做手机这个事，已早有定论，谁又在胡说八道！谁再胡说，谁下岗！"

张利华仍清楚地记得当时凝滞的气氛，"任正非的声音洪亮，他的话一出来，立即就没有人敢吱声了。我当时心想：自己可能要离职了。这件事就卡在这里，成为公司内忌讳的话题。"

不过，张利华的内心还是很强大的，"我想还是先把手机立项的材料做好再离职。"

更强大的当然是任正非。"华为冬天后，任正非带头开展自我批评，及时地纠正错误，不再坚持己见。让老板为说过的每一句不妥的话主动道歉是很困难的事，但是任正非还是人情味很浓的老板，会在其他场合用微笑的方式缓和。"

也是在 2002 年年底，徐直军受任老板委托召集手机立项讨论会，当张利华面向高层从容汇报完之后，任正非情绪和缓地说了两句话，第一句是：纪平，拿出 10 个亿来做手机！（当时纪平负责财务）

第二句是：为什么中兴 GSM 手机没有做好，亏损了好几年，你们要想清楚。做手机跟做系统设备不一样，做法和打法都不同，华为公司要专门成立独立的终端公司做手机，独立运作！

华为手机历史上最重要的一次会，很简短地、波澜不惊地开完了！

"事后我回想，2003 年华为处于深冬，公司的净利润也就 10 个亿，任正非这次真的想好要做手机了，将这一年的全部净利润押上做预算，放手一搏。"张利华说，这就是华为公司令竞争对手胆寒之处，要做一个新产品,会押上全部去做,只能成功不能失败,不像很多公司小打小闹地先小投入试一试,浅尝辄止的尝试心态往往做不好产品。

而那几个月,张利华就在为手机立项这事编写材料,同时她还是业务与软件产品部的总工程师,运营商解决方案部的副部长,还在3G业务小组里任职,还是移动数据业务规划组组长……身兼数职,每天在几个办公大楼不同办公室和不同主题的会议室里穿梭,白天开会晚上写材料到两三点钟……

## 咨询路上那些消失的 CEO

"为什么我的能力比你强,是因为我经历的挫折比你多。"这是任正非的原话。回顾做企业的 20 多年历史,任正非也曾说过自己:曾焦虑到得了抑郁症,彻夜睡不着觉,泪流满面,多次觉得华为可能过不去这个坎了。

"大家觉得任正非是个神人,能够自发地追求很多完美,其实任正非也是凡人,他也遇到很多坑。"在张利华看来,这些坎的攻克、这些失败经验的总结,正是华为一次又一次逆袭成功的铺垫石。

自走上管理咨询这条路后,张利华一直没有换过方向,这些年,她在尝试将华为的经验传递给更多中国企业,让它们也能像华为一样快速成长。

"很多老板跟我说,你能否推荐一个人过来,我们开给他百万年薪。可是单靠一个人就能解决企业的管理体系矛盾吗?"在咨询行业沉浮的这些年,她见证了太多企业的盛衰。

她曾指导过的一家东莞公司，从 1 年不到 10 个亿的销售额，到 2016 年净盈利达 4 个亿左右，成为最近 3 年东莞成长排前 20 名的企业。另一家年销售收入不到 10 个亿的小企业 2015 年年底在 A 股不景气时上市，立即以 180 元人民币的高价成为仅次于茅台的 A 股高价股。

她的手机里有一位 CEO，他所管理的企业几年前作为亚洲最具成长性的企业，股票曾高至百元，年销售收入达到百亿元。"但是交流下来，公司的管理体系极其薄弱，甚至到了千疮百孔的状态，表面繁荣的市场形势遮掩了管理上的问题。董事长并没有紧迫感，找我过去参加董事会不过是为了处理一个紧急的问题。"张利华说，当她再听到这家企业的消息时，是在网上看到其董事会全体辞职，股票跌至垃圾股。"以前吹的泡泡全部被刺破，而将之刺破的不是外部环境，是内因造成的。"

一位世界 500 强企业高管出来创业，拿到了几个亿的天使投资。张利华把他带到咨询她而成功的企业，给他介绍咨询的意义和价值时，他莫不嘲讽地说："张利华，你居然给我推销你的咨询业务！"而仅仅半年的时间，这位红极一时的 CEO 就从那家企业黯然离场。

"我见过很多公司开花结硕果，也见过太多特牛的公司、特牛的人跌倒。"张利华说，她曾专门做过一场"消失的 CEO"的演讲。"华为的冬天并不是历史，当下也在时时上演。关键是我们能从中得到什么启示和学习经验。"

# 罗中非

## 昔日金茂大厦的"码农"，
## 如今西子湖畔的"庄主"

文 / 王海燕

---

初见罗中非是在杭州白乐桥。

白乐桥是灵隐寺旁边一个原住民聚集的小村落，罗中非经营的"那天"民宿就掩映在这绿谷溪边。择一方院落坐看众生百态，于烟火中淡看世间是非，高人赐字中非，他甚是欢喜，从此自我介绍便为："你好，我是罗玮，字中非。"

踏入"那天"，心开始静下来。他拿起茶壶笃悠悠地倒茶，笑着说："不急，慢一点儿。"

这位浙大毕业的理科男，当年一毕业就进了华为，在上海金茂大厦埋头写代码数年，后来回到了杭州。不安现状的他从华为离职后开始闯荡江湖。

如今他的身份多元，开酒店、做民宿、搞投资，还是浙江华友会秘书长。在这幽静的一方天地里，虽业务繁忙，他却早已练就不紧不慢的从容，茶盏中结缘，谈笑间签单。

"为什么我感觉杭州的华友都比较文艺范儿。"我问他。

"大概是西子湖畔的耳濡目染吧，华为人的底色还是务实的。"他微微一笑。

## 七年之痒，不喜应酬从华为市场部辞职

1979年生的罗中非毕业于浙江大学计算机系。"找工作的时候，我对自己只有一个要求，就是不选游戏这个行业。"当时计算机系毕业生进入游戏公司者为数不少，这也是赚钱快的一个行业。可罗中非觉得，做游戏有点不务正业。

他选择了华为，2001年华为杭州研究所还没成立，所以一培训完，他就去了上海，在金茂大厦做软件开发工作。

此前做西服私人定制的前华为人李建勇曾说过："进出大楼（金茂大厦）的人，西装笔挺的，肯定都是搞金融的。看到穿得比较像民工的，肯定都是华为的。"

"当年我也是这个梗啊。在华为的时候，我们没有工作服，也没有着装要求，大家穿衣的确不讲究。"说起在金茂的那段日子，罗中非摊了摊手，"老板真好，让我们去上海最好的写字楼。可是两点一线的生活，并没那么光鲜有趣。"

在他的回忆里，吃饭要排队，他比画着金茂食堂那长长的队伍，"要排这么长啊。"更多时候是在加班，刚毕业那阵子，他加班加到晚上10点，大学同学约吃饭都约不到。

有时他就睡在公司机房里，"都说外滩的风光好，可从14楼望下去，似乎也没多少风景。"其实是有一种孤寂感萦绕着他，"上海那么大，觉得自己就是蝼蚁，即使在金茂上班也没有那种幸福感。"

"所以我想尽办法一定要回杭州。"罗中非当时被分配到杭研所，有编制但没有业务，属于在上海做外包。故杭研所一旦有业务，他们就回到了西子湖畔。

那年是 2003 年，罗中非回到杭州负责管理研发团队，他的同级浙大校友金颖负责销售，他们在一个生产线做终端产品。"我管做，他管卖。"就这样一直干到 2008 年。

彼时，华为内部高层调整，罗中非被分到市场部门。华为内部有句话，"懂市场懂技术，订单止不住。"可是从研发到市场，他不太适应。"做市场就要喝酒，我又不喜欢应酬。"

罗中非最终决定离职，一同进入华为的金颖也在这时离开。"可能就是七年之痒吧。"

## 开在支付宝边上的酒店躺着就能赚钱

白乐桥在灵隐寺的后门，一条碧溪沿山而下，泉水淙淙。散落在"那天"各处那特有的"蓝"很耐看。"这是'绀青'，这可是有秘方的。"罗中非笑着说。

"那天"是罗中非经营的业务之一。从程序员转到民宿这一行，这一路，故事很多。

2008 年离开华为后，罗中非做的还是老本行——软件外包。

华为技术出身，出来就一定好找工作吗？不一定。罗中非分析说，做销售可以很快找到工作，因为你有人脉和技巧，如果做过一个大区总裁的话就更加吃香了。比较难的倒是做研发，如果你写了 10 年代码，没事，走哪都好找工作。可你一旦走上了管理岗位，就难了。

罗中非偏偏是后一种。彼时，大公司的技术管理岗位很少，年龄限制一般在 35 岁，有的恨不得划到 30 岁以下。"愿意来找你的都是创业公司，或是民营企业。可要找到理念一致、又好沟通的民企老板太难，这种公司通常你待不久，比自己创业搞个项目还麻烦。"

罗中非干脆就创业了，他开了一家公司，给别人开发电商平台，做技术外包，但不如想象中那样顺利。"回款很难，一堆事儿。"

这一年，他吃了不少亏，因为市场竞争者太多——出了华为你什么都不是，别人是集团军，你是单兵作战。浙大毕业又怎么样，清华北大毕业生也一大把啊，你没有任何优势。

"田忌赛马的道理大家都懂，所以我就放弃了。"他开始寻求转型。

罗中非有个朋友做设计，他们想一起经营酒店，一开始想加盟别的连锁酒店，对方开的价格太高，"谈着谈着就不想加盟了，索性自己做。我们搭了个班子，朋友做设计，我就做管理，还开发了一个预订软件系统。"

他们搞了个酒店连锁，叫"鲜屋"。

有种说法，你在华为都干过，你还有什么不能干。进入酒店行业后，罗中非发现，这个行业人群和华为可不一样。做酒店行业的多为高中生，很多人就是从前台做起，一步步做到经理。

"生意不好，我是拉不下脸去街头叫卖。可他们没问题，撸起袖子就走，店长带着前台扫地阿姨冲到火车站去拉客。"

这个群体放得下面子，也甩得开步子。加班熬夜对他们来说也是常态。他们以酒店为家，一周就休息一天，有个分店店长2个月就回家一次，整个盛夏就吃住扎根在酒店，平时和儿子沟通就靠视频。

这和他原先浸淫的华为通信圈文化很不一样，也让他变得更加开放、包容。

"鲜屋"酒店连锁经营得很不错，有两家尤其好。一家在西湖边，生意相当火爆；一家在"支付宝"楼下，同样火爆，"我们和支付宝并没签官方合作协议，就卖散客。但你知道有多好吗？周一到周五天天满房。"

这家店的地段好，不仅支付宝在那里，华为办事处也在那里。店能开在万塘路，得益于罗中非的洞察力和细心，"当时我走在这条路上，看到沿街房子的空调在拆，估计会有公司搬走，我很快就行动了，不久就谈下了这里的房子。"

因为地段好，躺着就能赚钱。平时酒店爆满，店长还想在周末接旅行团，可运作下来太累，对酒店的设备伤害也大。"于是那家店成了奇葩，周末就放假休息，和我们在西湖边的那家酒店正好倒过来。"

"鲜屋"开到第八家店就停止了扩张，"我们发现，精品酒店的创业热潮过去了。那时，五六千万已经投下去了，需要调整。"他们将八家分店作了盘整，把经营不好的店盘掉，同时整编了管理团队。"留下来几家地段佳、盈利好的酒店，目前就稳稳当当做生意。"

"对酒店这一行业，可以说，我基本看懂了。只要位置看好，3年回本，后面等着分红，中国人商旅出差的需求挺大，就图个卫生干净。"

有人问罗中非，想做度假村或民宿，"我对他说，别折腾了，那不是你玩的菜。你这样做大事的人，愿意去大街上发传单吗？没有几年的积累、不懂门道是很难做的。不如退而求其次，加盟商旅酒店，收益率可能还不错。"

## 不组织这个社群,你不知道它能量有多大

劝别人不要轻易进入民宿,罗中非自己却勇于尝试。

坐在客栈厅间的长几边,各色植物染的桌布,朴实而素净。院里那张散发着木香的桌子,年轮清晰可见。一瓶鹅黄色的小花枝蔓高低错落,安然地摆置在桌上。

"Nighting,你又开始调皮了,怎么咬我的水瓶盖。"Nighting 是罗中非爱犬的昵称,7 个月大,体形健硕,颜值高,毛色发亮。"那天"就是 Nighting 的谐音,罗中非拍拍 Nighting,轻抚它身上松软的毛。"客人不怕,你就撒欢吧。"

一位"90 后"男生向他递过来一张表格,他轻声交代着:"数据都要核对好。"在厅一角,一块"华友会"的牌子若隐若现。

"鲜屋"连锁酒店之外,罗中非自己打点的就是这个民宿,这也是他和朋友、客户闲聊的清雅之地。

罗中非的另一个身份是投资人,他做早期天使投资,主要方向是智能智造、文娱新媒体等。"我经常带人爬山,要是爬不上去就不用谈了,这是一个指标。"罗中非说,投资就是看人,他会特别在意这个人能否带队伍,是否能在有压力的情况下冲出重围。

他的很多时间还花在了浙江华友会。金颖是会长,他是秘书长,就像当年在华为一样,两人共事一条生产线,如今他俩搭档为浙江的华为离职人员提供社群服务。

"起初就是想为我们这些离职的老同事提供一些服务,少走一些弯路,避免一些大公司离职出来的人不适应。"罗中非说,浙江华友会2011 年正式成立后,在杭州创业大街挂了华友会的招牌,"这张牌子挂

了后，政府领导都来视察过，慢慢出名了，浙江华友在杭州也越聚越多，圈子一点点大起来。"

"你知道，华为人都很低调，但怎么低调，也是组织了华友会才发现。"罗中非说，前华为人中藏龙卧虎者不少，都不喜张扬，做事极为低调。"前几天我们去了一个新三板创业公司，创始人当初就是老华为人，工号 10000 以内的。大家估摸了一下，这家公司都可以上主板了，但谁都不知道他们，也不见媒体宣传。有媒体联系，他们总觉得时间还不到，也不愿意被报道。这位前华为人总是说，再缓一缓吧，我觉得自己还不是很成功。"

华友会将杭州的华友们都汇聚起来，"那天"民宿也是华友们聚会的小小据点。

"你不组织这个社群，你不知道它的能量有多大。"罗中非给我看他的华友群，"比如昨天一个超过 10 亿的订单，群里一喊，分分钟后上下游就对接上了。"

当然，不仅仅是资源对接，华友们还聚在一起聊人生，一起做慈善，一起捐助山里的孩子……"这也是我们离职华为人一个共同守护的家园。"

# 刘南杰

## 这位华为"蓝军"前参谋长深耕车联网

文 / 王海燕

---

此前采访的华友大多在 42 岁上下，见到刘南杰，并没有太过意外，儒雅中带着几分豪气、沉稳中透着睿智。

可从他颇怀激情的叙述里听得出那种历经时间渗透的积累，应该是位华为资深老将。

"您今年多少岁？""我 60 了。"

"可您看上去顶多 50 出头。"

他哈哈大笑，继续兴奋地讲他在车联网领域的"南征北战"。

刘南杰在华为的工号 14339，是华为公司的第一位空降兵，当年他辞去美国的工作，和小伙伴一起加盟华为。

坊间被称为"华为首席科学家"的有三位，郑宝用、李一男，以及刘南杰。

有着教授头衔的刘南杰，这 10 多年来在华为大展宏图，他曾担任过华为公司战略部部长，华为首席产品战略规划专家、亚太地区 CTO，全球业务发展部部长，"蓝军"参谋长等职务，参与见证了华为历史上诸多精彩的战略发展大手笔。

8 年前，这位前华为首席科学家一头扎进了汽车互联网行业，通过车载智能终端＋移动互联网的软硬件结合模式搭建了一个车联网平台。

车联网前两年大热，阿里、腾讯旗下企业和滴滴都曾进入该领域厮杀。可热潮过去，死尸一片，而刘南杰的迪纳车联网依旧坚挺。刘南杰也被视为车联网教父式人物。

"车联网的核心是高科技，不是有钱就能任性，必须经历'十月怀胎'的孕育。"他说这句话时，稍稍有些激动，这也许就是镌刻在他骨子里的华为基因——务实。

## 第一空降兵的履历很出彩

入职华为前，刘南杰的履历很出彩。

1977 年恢复高考那年，他考进吉林大学，一路攻读，成为中国解放军第一个网络通信博士。

"当年我们是 30∶1 的录取比例，我的导师致力于研究雷达与通信网，是电子学科的翘楚，当年我的 7 个师弟如今都已经是将军了。"

刘南杰自然也是术业有专攻，他是我国第一代数据网研发与规划骨干，作为学科带头人，他和他的团队曾创下多项第一，比如 1985 年全军第一代野战指挥自动化系统的实战使用，1986 年中国第一代数据网网管与网控中心，1988 年中国第一代卫星网网控系统。

1992 年，刘南杰从部队转业，成了中国第一位下海的博士，一度成为新闻热点。

后来刘南杰去了美国。几经沉浮，他还是决定回国发展，回到自己熟稔的通信领域。当时，华为、中兴均在他的考虑范围内，因缘巧合，他最后选择了华为。

"我是 9 月 11 日正式上岗的。"推了推眼镜,刘南杰仍清楚记得当初的场景。1998 年 9 月 8 日,刘南杰到华为报到,成为华为公司第一个空降兵。"我还带了个兄弟盛辉一起来华为,他是 338 号,我是 339 号。"

作为从美国回来的高端人才,两人都是资深技术控,盛辉擅长"硬件",刘南杰则善工"系统"。

这位技术狂人很快在华为显山露水,发挥了科学家的技术优势,1998 年他参与研发了中国第一代 NGN(下一代网络)交换系统和标准。刘南杰不仅善于系统宏观思维,也是位实战型专家。他曾先后担任华为公司下一代战略产品预研、对外合作部、战略与 Marketing、公司全球业务拓展部、战略规划部、商业模式研究部、标准部、运营商解决方案、亚太地区部 CTO 等管理职责。

2005 年刘南杰被派驻海外。"我本来就是从海外回来,所以不想去海外,但你知道,海外经历空白在华为是不行的。"

须知,华为的人事派遣由不得你讨价还价,哪怕是高管。一天,秘书跟他说,"明天你跟徐总出差哦。"这一路从孟加拉到新加坡,见客户时,徐直军直接向客户介绍,"这是我们的亚太地区 CTO。"刘南杰这才意识到,自己已被"派遣"到了海外。不过,撸起袖子加油干,两年左右的海外就职中,他的团队在澳大利亚开拓出全球第一个商用 UMTS-900M 系统。

最让他津津乐道的,是在悉尼策划举办的亚太 CTO 论坛。"40 多个国家的通信运营商云集,这在行业内几乎空前绝后。"

"有的是生意场的死对头,可这次都来了,为啥?他们的大客户我们都邀请到了,他们能不来吗?"对刘南杰一手举办的这次国际盛会,任正非亦给予了很高的评价。

## 作为华为"蓝军"参谋长,力阻出售终端

刘南杰在华为有诸多角色,供职过很多部门,其中,最富神秘色彩的就是"蓝军"参谋长。

2007年年底,在任正非的建议下,华为成立了一支"特种部队",被称为"蓝军"。这是华为非常独特的一个部门,它与军事演习中的蓝军类似,主要是通过模拟和研究竞争对手,为任正非和华为EMT(经营管理团队)提供战略建议。

郑宝用当时是"蓝军"司令,后来徐直军做司令。刘南杰是参谋长,负责"蓝军"日常事宜。

"蓝军"是做什么的?任正非在会议上曾引用法国马其诺防线失守的典故来做比喻。"我们在华为内部要创造一种保护机制,一定要让'蓝军'有地位。'蓝军'可能胡说八道,有一些疯子,敢想敢说敢干,博弈之后要给他们一些宽容,你怎么知道他们不能走出一条路来呢?一定要以攻为主。攻就要重视'蓝军'的作用,想尽办法来否定'红军'(代表正面部队)。"

在任正非看来,"你都不知道如何打败华为,说明你已到'天花板'了"。按照华为规定,要从"蓝军"的优秀干部中选拔"红军"司令。

"蓝军"当年典型的战例就是力阻出售终端。

2008年,华为跟贝恩等私募基金谈判,准备以80亿美元的价格卖

掉终端业务。彼时，苹果已推出了划时代的产品 iPhone，操作系统分为 Android（安卓）和塞班两大体系。虽然当年包括诺基亚在内的手机厂商都没有当回事，但是"蓝军"却敏锐地意识到形势正在发生变化，终端将会起到越来越重要的作用。

"当时，公司决策层是要出售终端部门的，任总说，让'蓝军'出个意见。为此，当年我们'蓝军'连夜写了一页报告，标题就是《放弃终端，就是放弃华为的未来》。"刘南杰说。"蓝军"当时做出判断，未来的信息消费行业将是"端"—"管"—"云"三位一体，终端决定需求，放弃终端就是放弃华为的未来。任老板最后同意了这个观点。"蓝军"还建议公司大力发展多业务和物联网终端，由此奠定了终端大发展的基调。

"就这样一个 80 亿美元的项目被'蓝军'否掉了，后来这 1500 人的终端公司发展成为今天的华为终端消费者事业群。"由此奠定了今日华为手机的辉煌，形成苹果、华为、三星的三足鼎立的世界。

"蓝军"在华为留下很多经典。当时，刘南杰所在的战略规划部门就做出预测，诺基亚跟随塞班走下坡路，柯达转型不过要崩盘，Wi-Fi 无线将成为移动最后 100 米，M2M 将崛起车联网等。华为终端独立发展之后，在 2008 年年初就加入安卓系统等。"这一切现在看来，都是极富前瞻性的洞察和远见。"

在他看来，华为手机目前能在市场中"称霸"，与其雄厚的技术实力分不开，"华为手机的芯片是自己的，操作系统也是自己的，屏幕全达到了自主生产，即使是苹果也没做到这一点，在中国能不成为第一吗？"

看得出在刘南杰身上浸润着华为所崇尚的那种"敢为天下先"的豪气与霸气。

"当初在国内谈生意时,对方第一句话总是,这个技术国外有没有做,你们有没有竞争对手?这让我感到很生气,难道我们就不能开创全新的技术?我们做的事,如果国外都有的话,就不用那么辛苦了!"

他在纸上画出这样的大时段:2005 年之前,华为是跟随者;2005 年以后,华为开始 10 年的超越期,华为从跟随者变成了开荒者,开始进入"无人区"了,必定要争先。

## 我们做的就是开荒的事

2010 年,刘南杰离开华为。彼时,华为编辑部专门把他在华为所发表的典型文章汇总成一本《纪念汇编》。"华为从不鼓励宣传个人,倡导默默无闻的螺丝钉文化,这是一个特案,让我很感动。"

离开华为,当时有好几所大学向刘南杰发出邀请,他选择了南京邮电大学,担任通信与信息工程学院常务副院长、物联网研究院副院长、教授。

这一年,刘南杰已经 52 岁,本就想在校园舒舒服服教书、做研究、带学生,不过,他一直还有一个梦想。

"我在华为有两件事没有做完,一个是车联网,一个是数字资产交易所(DAM,互联网数字资产交易平台)。" 2011 年年底,刘南杰又在华为《赢盈》杂志发表了《崛起的车联网》,他在 2009 年年底与邬贺铨院长再次重申了"车联网"概念。

这是他在华为时就一直想做的事。离职后,他干脆自己来做车联网。

公司名"迪纳科技"（DiNA），据说这个公司名字就暗含了数字基因。"DiNA，这是信息物理空间唯一的标识，也是全球专利。车辆（硅生物）的物理特性是数字基因，必须拥有核心技术才能将这些数字基因获取并进行有效的利用。"

车联网是什么？刘南杰耐心地解释，汽车是最大移动终端，车里面有手机、视镜、中控、雷达传感器、电池管理、信息网关等等，这些东西都要连起来，做成汽车终端。这样任何一辆车的里程、轨迹、油耗、安全数据，都看得很清楚。

车联网的构成庞大且复杂，从二手车、汽后服、汽配、4S、租车、救援等传统领域到网站、电商、在线服务这些新服务触点，车联网创业，就涉及汽车、通信、互联网三个重量级产业，已经不可能是一个或几个企业就能构建完成的事情。

2010～2015年，正是车联网的风口期，迪纳最早举起车联网大旗，这股洪流中亦不乏大佬们的身影。

但飓风过后，残尸一片，车联网创业的死亡名单有300多个。

"车联网不是吹出来的，而是做出来的！"刘南杰用了个比喻"十月怀胎"——与互联网的创业截然不同，硬件不可能快速迭代、也不可能任意降低成本，它是有周期性和客观规律的，不能急功近利，快速迭代只能导致故障和需求错误疯狂增加。

死亡名单上的企业显然无视这个"规律"——汽车的所有衍生应用领域，都必须以实车作为基线，而不是智能手机所代表的车辆，滴滴融了很多钱，但没有钱去做基础性的研发（车联网控制平面和车管平面）。腾讯连超过200块的硬件都舍不得，阿里和百度（CarNet转到CarLife）更是从汽车机电核心层面逃跑到汽车终端应用层面，也不愿意深入下去和投资下去。

飓风也让刘南杰的迪纳凸显优势。这股浪潮中，迪纳车联网不仅存活了下来，2015年业绩增加了50%，平台上的车辆也达到了50万辆。

在此基础上，迪纳车联网自主研发出了多款应用领域不同的车机产品，研发出车行者、好享车和车掌柜三大主业务App，由此衍生出近百款定制App，并成为OBD终端产业联盟的"盟主"。

"竞争了半天，核心就是芯片。"刘南杰说，汽车产业的很多核心技术是外国人控制的，称之为"空芯化"现象，中国人掌握的没有多少。而车联网／物联网的跨界领域，需要更多勇气去创造和牺牲。"智能硬件创业不能学习互联网经验，我们这批人就是要做开荒的事。"

越是远大的梦想，越是要与时间竞赛。"创新创业，都是在'尸体'上行走，是坚持到底的游戏。"

这个创造了中国车联网历史上最长寿，"同族"最广泛的App品牌，目前公司融资已经到B轮，进入了业务增长的关键期。

有段时间，传出华为对车联网的兴趣，任正非在华为公司相关会议上指出，要向车联网进军。任老板已放出豪言，"无人驾驶我们不可能称霸世界，称霸世界一定要掌握数据，我们没有优势，我觉得聚焦在车联网上，可能还可以称霸。"

"任正非要做车联网了，会有压力吗？"

刘南杰倒是挺兴奋，"这是好事！"

他始终坚信：做有价值的事，等待时间回报。

# 颜迎春

## 弃百万年薪转做山间"放牛郎"

文 / 吴颀

"颜总"很忙。

微信常常"失联",电话断断续续。如果你仔细听,有时,或许还能分辨出听筒里传出的"哞哞"声……

曾经,颜迎春也被同事叫作"颜总",不过这两个"颜总"之间,不仅是华为与"颜生态"牛肉的距离,还是深圳与贵州省惠水县的距离,也是繁华都市与田园乡村的距离,更是年薪百万与自负盈亏的距离。

原来,颜迎春是华为企业网 UC&C 产品线经理,手下带着一支 10 多人的小团队;现在,颜迎春掌管着一片 100 多亩的农场,他的团队变成了 7 名工人和 300 多头牛。

"颜总"又很快乐。

颜迎春身材微胖,但据他自己说,养牛 3 年来,由于经常干活运动,已瘦了 10 多斤,连小肚腩也不见了,身体健康了许多。

心态也一样,如今,他的脸上时刻挂着笑容,一句话说完,总爱跟着"哈哈哈"。

"每天在农场,看看牛,看看草,看着它们一天一个样,听着牛儿对你'哞哞'叫,养牛场的狗对着你撒欢,心情就很好。"

离开华为去养牛,真的那么开心?

"其实全是'坑',哈哈哈!"

## 华为"很轻松"

和不少华为人一样,颜迎春也有着亮眼的学历。1994年,他考入浙江大学混合班,这个班级每年从入学新生中遴选5%单独组班,那年组班时有134人,两年后结业时,已淘汰至69人。

走进华为,算是机缘巧合。1998年毕业后,他先在深圳一家做显示器的企业工作了3个月。那时,一位正在清华读书的高中同学去深圳找实习单位,颜迎春陪他去了华为、中兴等公司,自己也报名参加了面试,没想到阴差阳错就进入了华为。

在华为的15年,他先后在南宁办事处、深圳总部、中亚地区部、哈萨克斯坦代表处工作,他所在的团队曾先后三次获得公司"金牌团队"称号,即便在全球十多万华为员工中,这也是一项得来不易的殊荣,一个大片区通常仅有2~3个"金牌团队"。

2012年7月,他成为华为公司企业网UC&C产品线经理,主要负责产品在企业网市场的拓展,那一年,他的业绩在产品线排名第一。

接触了不少华为人和前华为人,提到工作,鲜有觉得不辛苦的,颜迎春却觉得很轻松:"太闲了,像国企一样,哈哈哈!"这样轻描淡写的语调,甚至让笔者有些摸不着头脑——这个大叔是不是去了"假华为"?

看着笔者一脸疑惑,颜迎春连忙解释:"作为10多年的老员工,各个部门和业务流程都很熟悉了,手下也有个很能干的团队,事情交给他们做,我就可以放心了。如果真的不想做事,一天8小时可以只有1小时在工作。"他介绍,工作强度因部门而异,他所在的部门彼时主要承担后勤支撑工作,相对而言要比一线轻松。

"其实在一线时我也没觉得忙,一年可能就忙那么一两个月,其他时间都还比较轻松。我不知道外面为什么有那么多人觉得华为很忙,我从来没觉得。"

嘴上虽然说着轻松,颜迎春的身体却在不停"抗议"。在华为时,他长期患有慢性肠炎,虽一直吃药却没有根治,不论是在广西还是深圳,哪怕是外派中亚,都带着补脾益肠丸。体质不佳的他,在炎热潮湿的东南沿海,一度感到无所适从,身上总感到黏糊糊的,晚上则头痛难以入眠,每周要拔火罐2到3次。

2012年,岳父过世,颜迎春赶赴爱人老家贵州省惠水县操办后事,在山清水秀的贵州跑了几趟,他意外地发现,没吃什么药,身上的毛病居然都好了。

那阵子,颜迎春通过偶然的机会与当地政府的工作人员有了接触,他得知,贵州正在大力扶持生态农业,出台了一系列补贴政策,也非常鼓励养牛,希望能找到有意愿长期经营的人来此发展。

"去外面吃大排档,如果油不好,肚子不出一小时就会有反应。"由于自身肠胃不好,颜迎春对食品健康格外关注,加上气候宜人,又有政策扶持,反反复复地奔波几次后,他便惦记上了那片绿色的土地。

"在华为那么多年,说实话,已经没有那么多新鲜感了,一眼就能看到头。我还那么年轻,待下去是浪费生命。"趁自己还有闯劲,颜迎春也想体验一回创业的激情。于是，就在 2013 年，38 岁的颜迎春做出了一个让所有人目瞪口呆的决定：辞职，养牛去！

即便是生在农村、长在农村，当了大半辈子农民的老父母也没想明白，儿子辛辛苦苦学知识，走出了农村，进了大企业，在大城市扎了根，一年挣的钱抵得上老两口儿种几十年的地，正值干事业的好光景，怎么又一头扎进了田里？

颜迎春倒是有底气："哪怕这次失败了，这辈子攒的钱也够我们全家生活了，哈哈哈！"

## 交学费

说来轻巧，其实选择养牛作为进军生态农业的落脚点，颜迎春有自己的一番思量。

相比养猪、养鸡，养牛的风险要小很多。颜迎春自己也有同学在做养猪生意："猪价波动非常大，基本是两年亏、一年挣。更要命的是，万一来场猪瘟，猪就全倒下了。"相对而言，牛较少生病，风险也小。但是，养牛的门槛却很高：如果选择养鸡、养羊、养猪，一个打工仔攒几万元就能开个小厂，但一头牛的预算起码上万元，养几十头就要上百万元。考虑到饲料的供给和运输成本，又不宜开展过大规模的养殖。大户做不大，散户进不去，竞争就不那么惨烈。

"正适合我这样的。"

虽然有钱、有地、有政策，但"IT 男"要转型"放牛郎"，仅靠天时地利还不够，由于对养牛一窍不通，刚起步，颜迎春还是"牛"失前蹄了。

农民出身的颜迎春,小时候也放过自己家养的耕牛,那时还没有机械化设备,也没有大规模养殖,"觉得养牛有什么难的,不就是白天牵出去,晚上牵回来,喂足了草别让它饿着吗?"但要开养牛场,和小时候在家中放牛,有着天壤之别。养牛场建在哪?牛棚长、宽、高应该有多少?食槽如何设计?每头牛占地面积多少?饲料配方如何配比?一连串的问题犹如贵州大地上连绵不绝的群山,横亘在颜迎春的面前。

贵州号称"八山一水一分田""天无三日晴,地无三尺平"。要选一片适合建设一定规模养牛场的土地并不容易。他先后考察了6个乡镇、十几个场所,翻山越岭、跋山涉水。

颜迎春的宝马车,在贵州的乡间野外,按说可算是个稀罕物了,开出门去一定倍有面子。他却不胜烦恼:"有时候真巴不得自己的座驾是一辆蓝皮卡车!"原来,乡下的路况较差,坡多弯急,这辆宝马车备受蹂躏,一次不小心,他把车开进了坡下的稻田,轮胎被树枝戳破、前保险杠断裂、右前悬吊断裂,仅维修费就花了6万多元,所幸人无大碍。

养牛场建好后,自然要买牛。由于规划养300多头,本地一时买不到那么多,他便循着网上搜索的广告去了山东。

赶到当地,颜迎春才发现:上当了!原来,在网上发布信息的,都是职业牛贩子,经他介绍,每一头成交的牛,都要抽取600元提成,如果不买,就会被加倍索要吃住交通费用。即便如此,最后买到手的50头牛,还是因为检疫证不合格,而被惠水县动监所处以了3000元罚款。

第一年的冬天,由于经验不足,颜迎春没能给牛准备充足的饲料,看着饥肠辘辘的牛儿在牛栏里打架争食,他的心里很不是滋味:"一顿也不能让它们饿着,看到山上有一点绿色,我就拔下来带去养牛场给它们吃。"

屋漏偏逢连夜雨，养牛场的一个管理人员也被发现存在经济问题，颜迎春不得不请来了已经在深圳安家，安享晚年的老父母。1949 年出生的父亲很多事都要亲自动手，割草、铡草、喂牛、铲粪……一样也没闲着。父亲曾经在磨铡草机刀具的时候被砂轮机切掉手臂上的一大块肉，也曾经从运稻草的货车上摔下来，断了 3 根肋骨。在医院陪床时，轻抚着父亲手上粗糙的皮肤，颜迎春不禁扪心自问："放弃了华为的百万年薪，从深圳来到贵州，这条路，是不是真的走对了？"

"第一年基本是在交学费。"开工创业的第一年，就在跌跌撞撞中度过。投入数百万元后，那片约 5000 平方米养牛场，100 亩草场，7 名员工和 300 多头牛，就成了他的全部家当。

那时，他是惠水县硕果仅存的养牛大户。华为人所特有的"不达目的不罢休"的倔强劲儿，鞭策着他继续负重前行。

## 养牛，有意思

"老颜的牛肉家里老人评价很高，说是原来的牛肉味！家里老人是个口味很挑剔的人，说牛肉味道很正，好吃！"

"别人的牛肉很难嚼烂，'颜生态牛肉'，细嫩，入齿即化。"

"第一次用颜家牛肉时，家人不知道我在哪里买的牛肉。用餐时，小朋友不停地说：今天牛肉好好吃哦！我心里那个乐啊！不是厨娘技术好，是原材料牛肉的功劳。"

"生态牛肉，业界良心！哈哈哈！"

忙活了大半天，颜迎春终于回到办公室，瘫坐在沙发上，掏出了手机，一条一条念着，慢慢地，嘴角就上扬起来，原本的一丝疲态又被奕奕神采所取代。

除了养牛、卖牛肉，他平时最爱做的事，就是看顾客的留言。功夫不负有心人，经过3年的经营，他的"颜生态牛肉"已小有起色，依靠线上营销的方式，他已经在消费者中积累了一定的口碑。

不同于传统很少考虑营养搭配的养殖方式，颜迎春总结出了一套既适应当地既有条件、又满足牛的营养需求的"独门饲料秘方"。"在华为10多年的熏陶，潜移默化中教会了我解决问题的思路、方法和技巧。饲料配方百度也能查到，但我们当地未必能获取这些原料。用什么去替代？既要成本低，又要营养足，都是我自己摸索的。"

与机械化程度较高的大型养殖场不同，颜迎春的养牛场里，并没有动辄价值几十万元的进口机械，他就用电动三轮车改装出了一辆撒料车，降低了人工成本。

如今，他的主要工作是协调饲料供给与网上销售，有顾客在微店下单或留言后，他就进行统计，杀牛发货。

由于走高端路线，他出售的牛肉分割精细，剔除了油、筋、膜等杂物，采用真空包装，第一时间放入冻库，锁住水分营养。0.5千克的牛腩售价69元，虽然价格相比农贸市场里要高一些，却依然受到欢迎，销量好的时候，每月销售额可达到15万元，利润也比较可观。

他的产品主要发往北上广深等一线城市，那里的顾客对价格不太敏感，却对品质、味道要求严格。客源大多来自家庭客户，都是同事、朋友之间互相推荐，曾与他在同一间办公室办公的《华为研发》作者张利华，就是"颜生态牛肉"的老主顾。

"我的牛肉,口感和味道好评率都是100%,没人吃完了说'不好'。他们觉得好吃,还会推荐给亲戚朋友。"

虽然创业时间不长,投入也还没有收回,但颜迎春却已经找到了其中的乐趣。现在,每天早晨7点多,颜迎春会睡到自然醒,然后起床,去农场里看看牛:"只要它们吃饱了,我就放心了。"小牛崽长成一头健壮的公牛,通常需要3年时间,颜迎春喂食的时候,小牛会主动把嘴巴伸过来,甚至还会亲吻他。"现在看见这些牛儿,总有种说不出的亲切。"

刚刚过去的暑假,留在深圳读书的儿子,也带着班里的同学和他们的家长来农场体验生活。虽然这里没有Wi-Fi,但自己动手喂牛、挖土豆、摘蔬菜、用土灶铁锅烧菜,也让这帮孩子流连忘返:"明年我们还要来!"

在这个山清水秀的高原,漫步于葱翠欲滴的青山,呼吸着清新扑面的空气,远离城市的喧嚣,颜迎春在这里找到了属于他自己的田园牧歌:"养牛,做农业,其实很有意思,只要耐得住寂寞。"

"那你耐得住寂寞吗?"

"我不觉得寂寞啊,我本来就是个宅男,哈哈哈!"

# 戴辉

## 当年他在菲律宾拿下马尼拉 5000 万美元项目

文 / 王海燕

坐在面前的戴辉，绘声绘色地向我描述了一场真正中国"军团"的"远征"——华为向亚非拉推出中国产的 GSM，并"进军"欧洲的"征战"过程。

"GSM，以及后续的 3G、4G 成了中国走向全球的最早、也是最成功的高科技产品。"这位在华为工作了 16 年的湖南人，有幸参与了这段"远征"，对华为的海外拓展史也熟稔在心。他一直抱有这样一个见解，"如果没有本世纪初在海外 GSM 的成功布局，华为其实只是第二个中兴通讯。"

当年在华为，颇善文墨的戴辉曾记录下自己在海外的"征战"故事，比如《塔什干，这个冬天不太冷》《椰风蕉雨下南洋》《敲响印度之门》等。

## 新郎可能被喊去出差

1998 年，华为移动行销部成立，第一任部长是任正非本人，实际创始人是李祥庭。李祥庭上任伊始,将宋联忠从西安办事处挖了过来,负责移动重大项目运作。

头一年秋,戴辉刚从中山大学研究生毕业。9 月,正在生产总部装机器的他看到了移动行销部的内部招聘启事,马上投了简历。"当时是黄朝文对我面试,我就一阵猛侃。他直接说,录取了!华为那时候做市场,首先要看你敢不敢吹,牛屎也要能想象成黄金。"

彼时,华为正要去开拓各个省(区市)的 GSM 项目。每个省(区市)的 GSM 项目都非常庞大。任正非曾说:"我们就在自己的家门口,与世界上最强大的西方公司正面竞争。"戴辉从此成为华为 GSM 最早的市场员工之一,在总工办工作(总工是侯金龙)。"我们当时的起薪都在 6000 元以上,人人都有便携机和手机卡。我去华强北买了我的第一台手机,2600 元,是诺基亚 5110。"

1998 年 10 月,国际邮电通信设备技术展览会,即北展,是华为第一次展示可以商用的 GSM 设备,戴辉担任展厅讲解工作。

"基站上面放两个小天线,电话时通时不通,可能是空口干扰。演示打电话时,一个人没命地介绍产品,另一组人,拨通了再递过去,然后要尽快拿回,怕断线。"戴辉还记得,当时,任正非、李一男时不时出现在展台上,穿得都很马虎。某日,任老板大喊:刚刚过去的是江苏邮电管理局的某某,你们赶紧去跟我请过来!

在 GSM 项目推广之初,大家都没啥经验。怎么办?华为用了经典的"狼群战术"——每一次答标会上,市场和研发通常派出三四十人,个个着黑西装,颇有阵势,这一招还挺管用。所过之处,办事处的复印机、打印机都会因过度"疲劳"而坏掉。

当时移动公司欲与华为 GSM 合作,他们提的问题也很尖锐,"我们经常被问得抬不起头,只好说,给我们时间晚上去'写作业'。晚上就和研发开会回答问题,经常搞到凌晨一两点甚至更晚。"戴辉回忆道。

这一路的华为 GSM 攻城布局很艰辛,经历 1998～1999 惨烈的一年多厮杀,才在国内站稳了脚跟。"当年,华为就像一支军队。"伴随戴辉记忆的除了拿下订单的成就感,也有一丝丝苦涩。公司规定,夫妻双方不能同时在公司;配偶不能在友商(尤其是中兴)工作;女朋友或家人在哪里,就肯定不会派你去那里常驻;婚礼上,新郎都可能被喊去出差。"当时女朋友问我:如果我以后生孩子,你会在我身边吗?我说:在华为做不到。她说:那你就辞职!我犹豫了。然后就没有然后了。"

苦涩背后亦有动力。在戴辉看来,华为人之所以能扛住压力,铸就辉煌。一方面是被巨大的项目压力所驱使,一方面,也是金钱驱动的人性使然,在内地给几百元工资的时候,华为给的工资为几千元,一分付出,一分收获,这是不小的动力。

## 重返马尼拉的博弈

"李祥庭有天午睡的时候,突然问了一句:谁的英语好? 我马上应声:我还可以!他说:以后我们还要做国际市场! 然后呼呼大睡。"

2000 年下半年,国内 GSM 格局已定,华为开始吹响走向世界的号角。彼时,戴辉已累得不成人形,"每天都干到半夜,实在撑不住了。"他因为健康原因提出了辞职。当时的移动行销部总监胡勇给戴辉放了个假，然后派他去海外，还加了工资。"那时外企在挖华为的人，我最终拒绝了外企的诱惑，奔赴海外市场。"徐直军马上派他去乌兹别克斯坦。当年 12 月，戴辉以现场技术谈判组组长的身份拿下了中亚塔什干首都的 GSM 整网，这是华为海外首个千万美元项目。"那时海外人很少，在技术交流和谈判中，经常是我一个人舌战群'外儒'，就是个'光杆司令'。"之后是印度。戴辉担任了摩托罗拉的首个合作项目现场技术负责人，这个合作项目后来成功进入了 40 多个国家。

2002 年中到 2003 年 9 月，戴辉担任 GSM 移动国际行销总工程师，负责最早的海外市场营销，在亚太无线大会上，他是第一个国际会议的英文发言者，第一个向国际大 T（法电 FT）汇报，也是第一个 3GSM 展（MWC 全球移动大会前身）的主策划，余承东第一次国际亮相就在这里。

这一路海外征战，戴辉运用了博弈论知识。他给我举例，客户扬言，整个网络只给一家。然后告诉华为，友商给的是这个低价，再告诉友商，华为给的是这个低价，导致华为和友商相互杀价。而最后呢，客户给两家各一半的市场。早知道这个结果，双方就可以合作，这是典型的"囚徒困境"。

"所以要动用博弈论的知识。"戴辉说，一个市场，如果是两个运营商就会双垄断，要有三个运营商，才能彼此竞争，如果超过三个，则会竞争过度。这就是伟大的博弈。马尼拉就是一例。2004 年 9 月，一个偶然机会，戴辉来到了菲律宾，此地办事处早已关闭。"8000 万人口，移动普及率高达 40%，乍一看已经没有机会了。但根据博弈论，只有两家大的运营商，会有双垄断，需要三家运营商才能均衡。"

戴辉觉得菲律宾市场大有希望，托杨炤曦向国际营销总裁胡厚崑提出了申请。"亚太地区部产品线领导打电话过来，警告我客户都是骗子,要求我必须离开,我被迫写出承诺:留菲律宾是我个人决定,一切后果由我承担。"

他孤身奋斗了半年,屡战屡败,屡败屡战,后来,第三家运营商SUN CELLULAR有意向与华为合作,董事长还给了戴辉一个高评价:谁说中国人的英语不好?

"我就利用自己的影响力和人脉到处求人帮忙,还自己去找当地的微波询价,找IBM询问服务器的价格。"最终,华为拿下了马尼拉千万人口大城市整网替换原有网络的超大型项目。

这项高达5000万美元的菲律宾马尼拉项目是华为在全球范围内规模最大、密度最高、利润最好的纯GSM设备项目,整网搬迁模式后来也成为广泛复制的模式。"重任在身,我外祖父去世、老婆动手术,都没有回家。"

二战的时候,麦克阿瑟将军撤离菲律宾,留下一句话:I shall return!(我会回来的!)他实现了自己的承诺。戴辉后来把这段经历写了篇文章,名字就叫《重返马尼拉》,入选《华为文摘》。

"华为早先占领国际市场很辛苦,因为中国品牌不强,中国产品在外国人眼里就是卖鞋子、卖帽子的。结果,我们的通信产品树立了很好的中国品牌形象。"回首海外这段经历,戴辉感慨万千。

"我在海外度过了四个无休的春节。"他记得,大年三十,大家一起快乐地包饺子;他记得,法国3GSM展览结束后,前台法国姑娘在他脸上轻轻一吻。在他担任总工程师期间,因为业务爆炸式增长,移动行销部集体还荣获华为公司特等奖。

## 一边投高科技项目一边忆峥嵘岁月

2006年,戴辉回国,加入全球销售策略部,在其中的3年里,他和同事一起苦心研究全球GSM格局和市场策略。他们针对全球的GSM主流运营商提出了"攻山头"和"炸碉堡"的"作战"计划,还提出了不少创新的商业模式,如Voucher(优惠券)、Buyback(回购老旧设备)等。

2008年,他转入企业发展部,在总裁郭平领导下,参与对北电网络和MOTO资产的收购,"尽管功败垂成,但是极大提升了华为移动产品的品牌,花钱做广告的效果也远远没有这个好。"负责国际营销的胡厚崑先生送了一个很大的船模给企业发展部,以资鼓励。后来,戴辉还深度参与了物联网,并作为业务发展角色积极推动着物联网业务从0做到1年10多亿元人民币的收入。"那段时间,遇到什么东西,我都想'全连接'起来,包括天上的卫星,与不少卫星通信公司也签订了战略合作协议。"利用业余时间,戴辉还猛学经济和金融,通过了CFA(美国特许金融分析师)最难考的第二级。

"从25岁到42岁,我在华为工作了逾16年,8年海内外一线销售,8年全球战略、产品线业务发展和投资并购,最好的青春年华都在这里度过。"戴辉说,自己最幸运的是,在深圳房价没有大涨前,遇上了人生的同路人,置业成家。

离开华为后,戴辉的新角色是独立投资人,他依然在研究博弈论,开的个人微信公众号就叫作"最牛博弈",用文字梳理自己的华为岁月。

在高科技领域走过了16年多,戴辉对高科技很有感觉,他的主要投资方向就是高科技项目。比如明锐理想AOI(自动光学检测),提供了世界上最先进的自动光学检测设备,最近,在国内首家开发出芯片封装监测 AOI 设备，是唯一一个同时进入富士康、伟创力、捷普等全世界最大的三家 EMS 公司的产品。"在路径上，也是先进入亚非拉，再进入欧美日和本土，和我当年做 GSM 一样。看到这帮神采飞扬的年轻创业者，也想起我那年少轻狂的岁月。"

他投资的对象很多也是自己的华为老战友。京华科讯，是中国首家完全自主可控的桌面云操作系统，颠覆了原有商用台式电脑，终端侧用一个小盒子来替代以前的主机，在维护和安全上都很有好处。创始人曾浩文 10 多年前曾是华为 C&C08 程控交换机（128 模）的研发总裁，戴辉很看好这款产品。另一个项目"东方酷音全息主动降噪耳机"，如果在飞机上佩戴，可以基本听不到发动机的噪声了，这是南京大学声学系一位教授的研究成果，已经大量进入美国市场。创始人李斌，1998 年和戴辉一起做过 GSM 胶片。

对这几个创投项目，戴辉很有信心。"都还发展得有模有样。还不在风口上，等风来。"

他还有几个社会职务，华友创投军团的秘书长、东南大学"六朝松"创投俱乐部秘书长，经常在几大城市间来回走动、参加各类创投聚会。

投资之余，戴辉继续保持舞文弄墨的爱好。他在上观新闻接连发表了《一位前华为人亲历的华为手机发展史》《华为的长征》等原创文章，深情回忆了华为"征战"史上的人物与场景，引起圈内外人士的共鸣与感慨。

也经常有人问戴辉，是出来创业还是继续留在华为？这时，他倒显得有点保守，"我建议留在华为不要走，毕竟工作很稳定。创业是九死一生的事，在华为待得越久越不适合创业。"

# 朱波

## 华为的互联网之梦绕不开这位投资"大咖"

文 / 王海燕

"我应该和你采访到的华为人都不一样。"见到朱波，他的第一句话就挺直白。

年底到处飞的朱波太忙。刚从虹桥机场一路颠簸而来，尚未卸除旅途劳顿，就见缝插针安排了这次采访。

作为南派天使投资人的典型代表，朱波曾投资过兼职猫、次元仓、礼物说、超级课程表等"90后"项目，也投资过昆仑万维、暴风影音、易宝支付等"70后"项目，如今又主攻区块链项目，可谓投资界的一大风云人物。在其绚丽多姿的创投生涯中，有一段经历颇为低调，即4年的"华为人"。

2008年，朱波作为空降兵加入华为，历任新业务部部长、华为软件公司CMO（首席营销官）和华为互联网业务总裁，创立和培育了华为互联网业务和终端云服务业务。

不过，他终究还是离开了华为。伴随着他的离职，《华为互联网之殇》一文成为坊间热点连续四周刷屏。文章这样称，"作为华为花费了大力气从外界引进的高管，朱波的离职标志着华为的互联网业务前景黯淡。"

想在华为大干一场的朱波，最终没有在华为实现"互联网"之梦，亦没有被华为文化完全同化，"一开始，大家把我视为投入华为狼群中的羊，这怎么可能，我明明是头狮子嘛。"

千万别以为他对华为的"狼性"就嗤之以鼻，这位从"狼窝"里走出的投资人，至今感恩华为，"那4年是我很重要的人生经历，我对华为有深厚的感情，任何华为的事，我都特别关注。"

## 我是从最基层的狼窝一步步做上去的

"我很早就出道了。"

1990年，朱波浙大本科毕业，随后他在美国Arizona State University（亚利桑那大学）攻读计算机硕士。毕业工作4年后，不安分的他选择了创业。当时，留美学生创业的没几个，朱波创立了NeTrue通信公司，这是全世界最早的IP电话公司之一，曾被美国《商业周刊》评为全球通信行业500强和全球十佳IP电话设备和解决方案提供商，1999年在加拿大上市。

回国后朱波又创了两次业。2004年他在北京创立Cgogo，成为国内主要的移动搜索服务商，并得到李嘉诚基金2000万美元的投资，"我可以称得上国内最早做移动互联网的创业者了。"

2008年，朱波找到华为EMT（轮值总裁制度）的徐直军，他想找华为谈合作，被徐直军看重。彼时，华为在通信领域看到了"天花板"，希望能在互联网服务领域有所突围和建树。

朱波即在此时空降华为。"华为高层希望我能进入到一个熟悉的环境,不要被华为的"狼"吃掉,专门为我成立了一个部门。"当时,朱波带了20多个人,华为内部又抽调30多人,成立互联网事业部。"因为是作为外脑进去的,华为人必经的入职培训我就豁免了。"

那时,华为已有14万员工,这个60多人的部门显然是个很小的部门,但也是最基层的独立作战单位。朱波深谙高层的意图,"我在华为4年,就从最基层的'狼窝'一步步做上去的,这也是公司对我的培养路线。我一空降下来高配低就,像我这样的外人,不到下面混熟,就拿不到资金、人力和战略资源,部门就无法快速发展,这是非常好的修炼。"

半年之后,互联网事业部被并到华为软件公司业务和软件产品线的新业务部,朱波任首席市场官和互联网业务总裁。这也意味着,他离华为核心部门更近了一步。在这个部门,朱波干了10个月。

华为软件公司有15000多人,人才济济。也是在这10个月,朱波见识了华为的狼性。"华为很多'攻城略地'都是这批人打出来的,华为干部也多来自这批人,所以我等于掉进了'狼窝'。"

"一开始大家把我视为投入华为狼群中的羊,这怎么可能,我明明是头狮子嘛。"

在朱波眼里,华为的狼性是狼群作战、兵团作战,竞争对手最怕的就是华为的团队作战,而朱波对自己的优势也很有把握。

"我是创业者出生,我自己就是一匹狼、一头狮子,他们认为很困难的事对我来说不算什么。"创业经验丰富的朱波精通产品、市场、营销,懂通信,又懂互联网,英语也更地道。与外国客户交流时,华为人一般都是毕恭毕敬,不敢随意调侃,而在美国文化里浸润多年的朱波显然更从容,交流时他眉飞色舞,说得头头是道,客户对其印象深刻,"你肯定不是华为的吧?"

华为软件中心的业务和软件产品线内部有个创新中心，在朱波的规划之下，创新中心先后启动了网盘项目"数据银行"、手机浏览器项目"天天浏览器"等。

朱波记得，在远离华为深圳坂田总部的南山区威新软件园，数百名华为员工正在做着各种新的尝试。与华为坂田总部相比，这里的员工更年轻，有不少是刚毕业的大学生。"我们就是在这里，做些与华为传统很不同的、显得有些'离经叛道'的产品。"

## 黯然离职转做天使投资人

2010年朱波进入华为工程营销部，这是华为最重要的产品部门之一（仅次于产品线总裁）。

"这个部门相当于公司的中枢神经，要和人事、财经、业务等各个系统部门打交道。多数华为干部都要经过这个阶段的锻炼，这里很考验一个人的情商，他要学会能在各个职能部门间应对自如，对我锻炼也非常大，也真正让我看到了华为大体系、大平台的运转。"此间，朱波待了1年多，基本熟悉了整个华为的运作流程。"但很遗憾，我后来离开了。"

彼时，华为将终端公司、互联网业务部、海思消费者芯片整合在一起，成立了消费者BG。这样一来，本来独立的互联网业务部这个作战单元并到其他部门了，朱波的角色也从互联网项目的独立指挥者，变成公司大项目的配合者。

"即便到今天，回过头来看，华为的这个战略调整依然是对的。但对我个人来说，不想做某一个部门的螺丝钉，不想当一个公司的配角，所以萌生退意，撤了。"

这一举动，当时引起很大反响。外界将朱波的离职与"华为的互联网前途黯淡"联系起来。"外界这么评说我的离职——朱波是华为空降下来活得还不错的人，最后还是不免黯然离去的命运。"

我也突然明白了朱波那句开场语的背后含义。他和其他华为人的确不一样，原因就在于华为的电信背景与朱波的互联网基因之间的冲突与差异。

就如那篇文章所言，华为的电信设备市场是典型的贵族俱乐部，就那么几个玩家，门槛很高，游戏规则非常清晰。与之相比，互联网市场就是群雄割据的草莽之地，谁都可以进来跑马圈地。电信设备市场的需求相对稳定，基本可以预测，可以做出未来5年的市场计划。互联网市场则善变，你不知道明年甚至下个季度会发生什么样的变化。

从华为公司整体来看，互联网离它的核心业务太远了。朱波主导的互联网业务，相当于平地起风雷，难度可想而知。从独立运营到给终端配套，华为的互联网业务绕了一圈，从起点又回到了起点。这个变化使得朱波"建立一家像腾讯那样的互联网公司"的梦想变成了空想，他最终只能黯然离去。

不过，朱波也从中获益良多，"一个人跑得快，一群人可以跑得远，华为不提倡个人英雄主义，而是倡导生生不息的团队精神。团队作战是华为的制胜法宝，我自己从中亦学到了很多。"

离开华为后，朱波朝着自己的梦想再出发，不过，这次，他的角色换了一下——从创业者到投资人。

2012年，朱波创办创新谷孵化器。成立当年，业界便有了"北有创新工场、南有创新谷"的说法。2015年，朱波成立专注于早期投资阶段的追梦者基金,他自诩为"追梦首席官"。

当年那头"狼窝"里走出的"狮子"将目标更多转向了年轻人:在朱波所投的 120 多个项目中,20 多个都是"90 后",占比近 20%。统计显示,"90 后"创业者的明星案例 60% 以上出自创新谷和追梦者基金。

为什么重仓"90 后"?"我是坚决支持 18 岁到 25 岁的年轻人创业的。年轻人不能跟'60 后'比资源、和'70 后'比资金、跟'80 后'比人脉,只能面向未来做创新,要做'80 后''70 后'做不了的事。"

这些"90 后"也确实不负他的期望。1992 年出生的钱勇创办的次元仓已完成 A+ 轮融资,1992 年出生的王锐旭创办的兼职猫曾被邀请到中南海参加总理座谈会,1993 年出生的温城辉创办的礼物说,还有一度火爆的"90 后"余佳文的超级课程表。最近,他还投了名人时间分享、漂流伞,也都是"90 后"项目。"事实也证明,'90 后'创业者给我带来的回报最高。"

## 我本就是创业者出身,嗅得出那股气息

"你懂二次元吗?"

"我当然懂,我还投了呢。现在流行的是 2.5 次元。"

在与"90 后""95 后"沟通时,"60 后"的朱波并没觉得有障碍,"我可能没有'90 后'那种思维,我会换位思考,去理解他们,我也鼓励他们用自己的方式去思考。"

他在意的是这些"90 后"是否有担当。"你创业的时候,你是老大,你不去挡子弹谁去挡子弹?你不去堵枪眼,谁去堵枪眼?"

每个投资人都有自己的投资策略和心得，朱波也不例外，"我主要看三点：第一，创始人的领导力；第二，创始人的人品；第三，创始人愿不愿意分享。"

不过，朱波特地强调了投资人的洞察力。"天使投资人必须要有一种深海般的洞察力，表面上风平浪静，地下暗流涌动、波涛汹涌，我们要能嗅得出那种'气息'。我自己就是创业者出身，对这种气息尤其敏感。"

"90后"的创业很具话题感，一旦融资成功，一片艳羡，各方叫好；可一旦创业失败，各种非议也扑面而来。前不久，神奇百货CEO王凯歆被曝侵吞公款，赔光2000万融资。大多数人学会了在风口浪尖不说话。作为最初投资人，朱波并没有回避这个话题，也由此陷入舆论的旋涡。对此，朱波看得挺开，"天使投资人和创始人都是向死而生的人，这里需要点情怀。"既然选择与"90后"共舞，备受争议的同时，也承载着更多人的希望。

朱波的日程排得很满，各大城市间到处飞，他要去参加各种投资人峰会、去给MBA上课、见各路创业者。即便如此，他也不忘每天至少抽出两个小时学习更新知识。最近这一年，他还投入到区块链项目的投资热潮中。

"这和你以前在华为的工作节奏不大一样吧？"

"当然不一样，但我依然关心华为的事，我和华为上上下下关系都不错。昨天，和徐直军还通电话呢。"

投资人朱波，也是华友会中的常客。不过聚会时，对离职创业的这波华为兄弟，朱波并不太"客气"，"几个华为人坐在一起，我就知道他们在聊什么，聊的就是'一亩三分地'：第一，华为的趣事；第二，华为的发展,总之就是华为那些事儿。每次看到华为人创业,我就泼冷水,醒醒吧,这已经不是华为了,不能单纯地用华为的观点、体系。"

很多人在华为平台上如鱼得水,做什么有什么,但出来后,原来的环境已经改变,但不少人还没有认识到这个差异,依然停留在华为的旧有观念里。对这些老战友,他会苦口婆心,"把过去的荣誉放下,清零。对未来一定要有空杯心态。"他也承认,华为出来的创业者做高科技类还是不错的,以技术驱动,不是商业模式驱动,另外,很多公司做到一定程度,特别喜欢华为人加盟。毕竟华为的架构体系更规范。"华为的群狼战术还是很厉害的。"

"那你到底算不算华为人?"

"我是华为人,又非华为人。我天生就不是安分的人。好像一条鲶鱼,走到哪里,都要'搅个天翻地覆'。"朱波笑言,自己以投资人身份出场居多,而以华为人自居的公开角色并不多,"但不管怎么样,华为的确是我人生中一段很重要的经历。"

我突然想起20多年前朱波的一段往事。当他知道自己的专业毕业后可能在美国找不到工作时,立即退掉了已经报好的选修科目,转投计算机。此时,系主任告知朱波,转专业需要先修完8门本科生的基础课程。朱波灵机一动,想出了一个"对赌条约"。"我和系主任打赌,如果我的硕士课程能全部拿A,那就自动免去我需要学习的本科内容。"

后来,朱波顶着巨大压力,顺利毕业。因为他很了解自己,"我不甘于平庸。"

不甘于平庸,这点倒是和华为的精神底气相通。

# 孙进进

## 这位老华为人创业路一走就是 20 年

文 / 谢飞君

华为工号 63 号，自己创业 20 年，这是见孙进进前知道的两个标签。

然而，当初是什么原因让他产生了走下神坛的念头，从华为离职后的这 20 年他又是怎么度过的？初冬的下午，我与孙总约在他位于光大会展中心的办公室见了面。

目前，孙进进的公司主要为写字楼内的入驻企业提供各种服务，具体包括但不限于订水、订办公用品、组织兴趣社团、私董会等。"我们的目标是，让写字楼里的白领们体验到'办公无忧'的服务。"

近两年，他又组建了一支由 15 位 "90 后" 组成的软件定制化开发团队。"看到他们，我就像看到那个多年前在华为精神满满、熬夜加班的自己。" 一谈到这个年轻团队，孙进进的脸上就神采奕奕。

## 见过一次，任老板就能叫得出名字

1991 年，孙进进从西安电子科技大学毕业。作为院校子弟，他本可以悠闲地留校工作，但他凭着一腔热血，只身一人南下求职。

忆起当初进入华为的情境，孙进进用了两个字来形容：传奇。他说，第一次听到华为的时候，其实对这个公司并不熟悉。他在电话亭通过 114 查号台，尝试着拨通了华为的联系电话，电话接通后的第一句话就是"你们那还要人不？"初生牛犊不怕虎。因为专业对口，他被华为直接录用。

孙进进最初的设想是先去华为了解一下，再作下一步的工作打算。当时任何人进华为都有一个到基层锻炼的铁律，即无论是什么文凭入职，前两个月都要到工厂实习。在基层实习时，虽然他只是做一些维修电路板的工作，但在这段时间中，他发现华为是一个很有凝聚力的公司，每一个员工心里都憋着一股劲，齐心协力的工作氛围很快感染了年轻气盛的孙进进，他决定不走了。

两个月之后，孙进进进入了开发部。孙进进当时做软件，开发华为的交换机，经常是吃住睡都在办公室搞定。工作虽然辛苦，但是开发部每个人都能苦中作乐。其中最主要的原因，是因为任正非。

时隔多年，孙进进还记得任老板为人随和，对开发部的员工尤为照顾。"任老板记性非常好，很多人见过一次，第二天马上能叫得出名字。"当时开发部晚上加班，任老板会亲自数人头，然后安排自己的司机去采购面包、牛奶和夜宵，每天发给加班的员工。"像脸谱（Facebook）等国外高科技公司推出那种为员工解决一切生活上的后顾之忧的做法，任老板很早就在践行。"在孙进进入职华为的前两年，办公室里就已经装有淋浴设施，工作的桌子底下有一个垫子，困了就睡，醒来继续工作。

除了照顾员工之外，任正非对公司里的大小事务都是亲力亲为，从不会摆老板的架子。孙进进回忆道："当时的华为处于'长征'阶段，任何一个'战役'都不能打败仗，因为很多项目往往都是发入网证的最后一刻还在攻坚，这种'末班车'，只要一次赶不上就没有以后的华为故事了。"正因如此，每次项目检测的时候，任正非和员工一样紧张。"他和我们一起等着，谁都不能说话，走路都踮起脚尖，生怕声音会影响到检测数据。"

不久前，孙进进到深圳出差，还特意去看了看深意压电那座写字楼。作为华为早期员工，他曾在这座楼度过了大学毕业后最初的 8 年。虽然这座楼如今已经卖掉了，但站在大楼前，他依旧能清晰地记得任正非和他们一起在办公室里"工作生活几乎不回家"的时光，也记得好多次吃饭的时候，任老板在饭堂宣布："谁吃得多给谁涨工资。"

当年为什么那么拼，孙进进觉得是一种"压力传递"，"从老板到员工，都有一种意识，就是不拼命干，就会被取代。"

彼时，通信行业都是国企，只有华为是私企，必须靠服务、品质取胜。当时，任正非经常和员工一起开会，分析各种形势，发现问题一起攻克。在任正非言传身教的影响下，这些年轻人骨子里的热血会被充分调动，孙进进至今回忆起来，依旧觉得任老板最爱举例的是打仗、军人、执行力，这些让男生一听就干劲十足的词语。

## 华为的工资让人"无工可打"

任正非是一个非常愿意鼓励人的老板，见谁都是讲鼓劲的话："好好干，未来很好。"

未来确实不错。孙进进开玩笑："在不同场合见到不同时期的华友，不管别的方面如何，但都很有底气，为什么？因为有钱。"他清晰地记得 1994 年时，他的月收入已经超过 1 万元了。

但他终究还是离开了，在最初的 100 多位员工中，有不少人做了这样的选择。"一方面搞技术是吃青春饭的，当时的我面临着去海外市场部的调动，但我觉得自己的兴趣点在技术。"很多人会觉得申请留下做技术就可以解决，但"听话"一直是华为员工一以贯之的习惯，"早期华为的企业文化类似于校园文化和部队文化的叠加，所以几乎是一个调令下来，说去哪就是去哪。"当时综合各方面考虑，孙进进决定尝试做点自己想做的事，便辞职赴上海创业。"在华为干过的人，大多很难在社会上找到收入相近的工作，所以辞职后都有一个特点：''无工可打'，只有自己干。"

2001 年，孙进进成立了一家弱电智能化的公司，从事住宅小区、商务楼宇的智能化总包工程。随着互联网的兴起，他着手开发了"物业快车网"，为商业楼宇中入驻的企业提供一条龙的服务。详细听他讲述公司服务的范畴，会发现他其实很早就在做近几年风起云涌的创业孵化器相关工作，但作为这个领域最早的"吃螃蟹者"，孙进进并没有去结合政策申请相关的扶持补贴。他直言，自己不擅长做市场，在创业时不占优势。

他笑称，"在华为时，做人做事都比较单纯，公司看每个人的业绩说话，人都奔着业绩去，人情世故很少，与创业的环境差距比较大。"

离开华为之后，曾后悔过吗？孙进进微微一笑，没有回答。华为给孙进进搭建了一个象牙塔，从塔里走出来之后，他才经历了更多的磨砺。在很长的一段时间内，他一直在摸索一条适合自己的道路，而这条路一走就是 20 年。

## 还是要做自己擅长的事情

2015年年底,孙进进又组建了一支软件开发团队,团队里15位开发者是清一色的"90后"。提到这个团队,他的脸上有了很放松的笑容,"非常好的一群孩子,做事特别靠谱,他们加班的热情和我在华为时一模一样。"

说起组建这个团队的初衷,他很感慨:"一个人在不精通的事情上花费的成本最高,而对于擅长的事情就能做到事半功倍的效果。拿我自己来说,我不精通做市场,但做软件是我熟悉的领域。所以我希望能充分发挥自己的价值,也希望可以给一些不擅长这一块业务的公司提供专业服务。"

"90后"愿意加班已经让人感到惊讶,尤其是这些"90后""每天从上午9时干到晚上11时,经常连干7天"。"国庆节8天假期,我陪他们一起加班,也是干得热火朝天。"这么靠谱的"90后"怎么找到的?其实,孙进进不知不觉中用了任老板的那一套。他发现"90后"也很好管理,只要找到价值认同。"你一定要让他们看到未来的前景,告诉他们目标,让他们有参与感。"

在这个团队中,孙进进看到的是"90后"的干劲,而他自己所做的就是"翻译"作用,比如开发一个生产车间需要的刀具库管理系统,"90后"普遍没去过工厂,也不懂数控机床为何物,这个时候如果任由他们凭着一腔热情去做,会做错。孙进进会用他的经验做一些引导。但如果"90后"做错了,这个有经验的人轻易不会批评他们,就像当年的任老板一样以鼓励为主。

如今,这个团队用做"软件积木"的方式建了很多模块化的管理系统,当不同领域的企业提出自己的诉求时,只需要把这些模块组合起来就可以完成。所以孙进进构思的未来,是这个团队成为诸多不同领域的公司共享的 IT 部门,帮助不同的企业完成软件开发。

对于离开华为后 20 年的创业经历,孙进进并不多谈,从他的言语中感受到他对自己的企业规模并不满意,"中小企业多了去了,也并不值得骄傲。"

这年头,人们都习惯用融资、风投、上市来作为创业成功的标尺,如果没有成功融资,创业公司很容易"死"。从创业初始,孙进进的公司已走过 20 年,虽不显耀,却也一直"活"得挺好。华友说起他,也称是一个传奇,"老孙不容易,这么多年一直养着百多名员工,经营着自己的生意,探索着自己的道路。"

采访结束之后,孙进进带记者走出迷宫般的地下车库。告别之前,他留给记者的最后一句话是:"我走了这么多年,终于把这里的路都走通了。"

# 苏磊

## 游历 25 国后他转投环保事业

文 / 吴頔

"有人说俄罗斯姑娘喜欢中国男孩,我的亲身经历好像不是这样。"

"亚美尼亚是一个 300 多万人的小国家。你知道吗?相传他们的民族英雄马米科尼扬是中国人的后裔,我在他们首都广场上还见过他的铜像!"

"亚拉拉特山据说就是《圣经》中诺亚方舟停靠的地方,自从吃了那里的高山冷水鱼,好多年都再没兴趣吃其他地方的鱼了。"

11 年身居海外,25 个国家的工作与旅行经历,化为一个个精彩诙谐的小品故事。西子湖畔,空山鸟语,竹屋雅居,品茗谈志。还有 4 岁的女儿陪伴身边,好不惬意。

精雕细刻的实木茶桌前,一个嗓音浑厚而富有磁性的健壮汉子侃侃而谈,若不是因为圆寸的发型有些"出戏",给他配上一把折扇,俨然就是一副高晓松开讲《晓松奇谈》的架势。

和苏磊的对话,就在这样轻松的氛围当中展开了。初秋的杭州,"70 后"的他还穿着短袖 T 恤和膝盖带有破洞的牛仔裤,从话语到装扮,都给人"自来熟"般的亲切感。也许是因为活泼可爱的女儿的影响,也许是因为如今所从事的垃圾处理事业,不仅需要与形形色色的人打交道,对居民循循善诱,还要回归自然,净化心灵。

"说起来可能有点'装',但我一直有个心愿,等我'财务自由',就到西北的黄土地上种树去。"看记者因惊讶一时语塞,他又补了一句:"我对'财务自由'的标准不高,一家人能过上稳定的日子就行。"

几乎每个曾有华为经历的人,都不会否认这份工作在"财务"上的吸引力,同时,华为提供的广阔平台,也让彼时年轻的苏磊经受磨砺,获益颇丰。不过,他的离职,恰恰是因为他后半句补充提到的"一家人"。

## 人人都要听音乐会

"华为离职江湖"的系列报道,苏磊一直在看,偶尔,有些文字与照片,还能触发陈年的记忆:"你们写的第九篇,我打开一看,他的照片不是我给拍的么!在乌克兰!"

苏磊的华为足迹正开始于乌克兰。

1999年,20岁的他在国内读了不到半年大学后,由于想要出国看看,见识见识外面的世界,决定前往乌克兰留学。他就读的基辅国际民航大学,是世界排名前三的航空类大学,2005年,研究生最后一年,他在华为乌克兰代表处找到了一份实习工作,用他自己的话说,既是"缘分",又是"幸运"。

那时,苏磊有位师兄在华为工作,招聘期间建议他去试试。数十人应聘仅招一人的实习生岗位,排队站在苏磊前面的是他同学,本科北大毕业,研究生则就读于他们学校的王牌专业机械系,掌握法语、阿拉伯语、英语和俄语。"当时我心想,完蛋了。没想到最后那么多强手都没有录用,偏偏看中了我。大概是觉得我看上去老实吧……"

第一天上班,苏磊提前到了办公室,泡了茶,开始和同事聊天。"第一天和大家打招呼,大家会很礼貌回应,但第二天再聊,就没人搭理我了。"他这才发现,每个人来单位后,倒上水就开始埋头工作,没有人在闲聊:"给我这个新员工的感受就是,你在耽误别人时间。"原来,不需要经过所谓的"洗脑"培训,身边同事早已将新人带入了"华为文化"中。

如今身处杭州,苏磊也曾参观过阿里巴巴的总部,和当初在华为时进行比较,苏磊觉得两家公司的气质完全不同,与阿里相对轻松的氛围相比,华为处处透露出严谨与专业:"当初在海外,走进华为办公室,里面一个个都身穿衬衣西裤,像是卖房子的。"他至今还记得,那时如果衬衣领口有发黄的汗渍,领导会要求马上回家换衣服,如果穿黑西裤配白袜子、手上戴手串,则会被罚款5美元。

半年的行政实习生经历,使他迅速了解了公司的运作流程与部门架构,他自己也能很快得到认可,成为行政经理。一天午饭后,人事将他叫去一旁,给了他几道题:"吃完饭,过来做做题,活动活动脑子再去干活。"一张试卷做完,苏磊转正成了产品经理。

离开校园进入职场,刚挣钱的苏磊与公司其他年轻人一样,舍不得多花钱。有一次,领导在办公室提问:"谁现在还没看过芭蕾?"一众青年不知是何用意,齐刷刷举起了手,谁知领导脸色一沉:"你们这群土鳖,这周六都去看!"

领导的用意,苏磊后来才明白。国内企业想要打开海外市场,面临着重重障碍,而最难的地方,并不是当地的竞争对手实力有多强,而是要和当地客户之间进行文化交流与思维碰撞。要去做他们的生意,就要熟稔他们的风俗。而在东欧国家，有些人哪怕饭吃不饱，碰上节日也要给爱人送花，也要结伴去听音乐会、看文艺演出。

在乌克兰"开疆拓土"时，华为面临的，正是这样的问题。当地老百姓有点"排外"：中国人过来干啥，是不是要来赚我们的钱了？客户则实在一点，他们直言不讳："给我一个理由，为什么要选中国货？"毕竟在那时，"Made in China"（中国制造）会让人联想到廉价和劣质，而竞争对手思科、爱立信、诺西、阿朗这些西方老牌厂商的产品则结实耐用。

这一问，把苏磊问住了：是这个道理啊。而在嘴上，他只能说："我们价格便宜，我们年轻干劲足。"可想而知，挑剔的外国客户并未被说服。

"华为好就好在，今天跌倒了，第二天马上又会站起来。"没能回答好客户的问题，团队回公司后立即开会，研究出了对策：通信技术迭代很快，每3至5年就会经历一次更新，一台设备使用15年，就意味着后面的10年可能无法很好地响应。他们向客户保证，5年内设备不会出问题，到期时则以更便宜的价格为客户升级换代。"他们不是担心质量吗？我们承诺提供'7×24'服务，哪怕是三更半夜，也以最快速度赶到。客户签了合同，用起来觉得我们的产品也不错。"

一个个"山头"就在这样的干劲下被攻克。"那时候很开心，团队平均年龄只有二十七八岁，虽然年轻经验尚浅，但劲头十足，总感觉没有拿不下的项目。"团队其他成员专业的知识储备、面对困难锲而不舍的精神和对市场的"较真"态度，都对苏磊这个年轻员工产生了深远影响，让他明确了努力的方向。起初的业绩，每年仅有几百万美元，公司在基辅市中心的一幢办公楼中租下两层作为办公室，中方员工仅有10

多人,一张大桌就能坐下。而到了 2007 年,全年业绩已达上亿美元,办公室也搬到了一幢有着 200 年历史的老宅,中方人员增加到了 50 人左右,还获得了公司"金牌团队"的荣誉。

到了这时候,苏磊在街头登上出租车,说起自己来自中国,听到的都是:"中国啊,中国好!"

## 两年见了父母半小时

虽然身处一个能人辈出的集体,自己也在不断学习,并小有成就,但苏磊在华为的工作经历,仅仅只有两年多时间。"那时候年轻嘛……年轻不懂事啊!"说起原因,苏磊嘴上说着"不懂事",其实,也确实有自己的苦衷。

"华为员工,很多人都有个特点——'抢'活干。"一个项目接着一个项目,他一直没能找到回国探亲的机会,"太忙了,每次领导都说,干完这一个项目就可以休假了,但似乎永远没有干完的时候。"

2007 年春节,大年初三那天,苏磊从乌克兰回国,带客户去成都进行厂测。父母为了和他见上一面,专程从河南老家坐飞机到了成都,在他入住的那家酒店,定了他隔壁的房间。那晚 11:30,苏磊终于陪完客户,回到房间,与久久等候的父母汇合。

父亲从箱子里掏出从老家带来的小半瓶茅台,说:"咱一大家子过年聚会,就你不在,给你留了点,咱爷俩喝一杯。"听了父亲的话,苏磊鼻子一酸,与父亲碰了碰杯,闷头一饮而尽。他疑惑了:因为工作不能回国,亲人远隔,这样的投入是不是值得?

即便是这样一次得来不易的聊天机会,也没有持续很久。刚过凌晨12点,父母回房休息,苏磊又继续与客户核对当天的材料直到1点多,第二天一早又出门了。

那半小时,就成了他在华为的两年来,唯一一次与父母共度的时间。

离职回国后,他凭着对俄语国家的熟悉以及积累的资源,做了一年外贸,生意不错,但由于买了房需要一份收入稳定的工作,他又重新开始求职,这一次他选择了中兴。

离开华为,却并未中断他对华为的进一步理解。通过两家公司经历的比较,他发现,在华为做一件事,身后的支撑力度非常大:"如果写一封邮件有人不回复,就直接抄送他的领导,三天之内一定有答复。"上午把前一天待解决的问题交流清楚,下午见客户、解决问题,次日一觉醒来,发出的邮件必有回复,再继续往下进行。"只要你想干,这个平台总能支撑你。"而在中兴,除了做好本职工作,很多事情需要自己主动协调,积极与客户、同事沟通,他的组织协调和人际沟通的能力得以提升。

"原来在华为工作那么累,头发还是很茂密坚韧,但在中兴头发却开始稀疏了。"如今回头看,苏磊觉得,华为教会了他如何做事,了解到完善合理的管理制度和流程,中兴则教会了他如何做人。

后来在斐讯工作期间,苏磊运用自己的语言优势、对当地的了解以及积累的工作经验,为斐讯开拓俄罗斯市场做出了不小贡献。算上这3年,前后11年的海外经历,和25个国家的丰富体验,让见多识广的他心态也有了改变,为祖国的发展深感自豪:"原来觉得外国'哪都好',现在觉得中国'哪都好'。"有时在网上看见一些网友不理智的留言回帖，他还会反驳两句。"现在谁再说中国这不好那不好，我肯定第一个站起来反对。"

事业背后则是家庭的奉献。两年前出差回家后，刚一进门，两岁的女儿就跟在他的身后，苏磊本以为女儿是想和自己亲近，谁知刚收拾完出差的行李，女儿就跑去找妈妈："妈妈，妈妈，苏磊又拿咱们家衣柜里的衣服了！"原来，女儿将他当作了外人，苏磊意识到，自己是时候回来了。

## 理想中的"最后一站"

"如果再给我一次机会，我觉得在华为挺好的。"如今在杭州安家落户，苏磊偶尔还会怀念起当初的时光，即便如此，他还是觉得，不管什么时候，当下都是最好的，比如现在正在从事的垃圾处理事业。

今年初，苏磊加入了延杭智能，这是一家由前华为人创办的智慧垃圾分类处理系统运营公司，利用互联网+物联网的技术，立足于垃圾分类设备、垃圾处理设备及智慧物联云平台的研发制造，从而改善我们的生活环境。

随着生活质量的不断提高，人们日常生活与生产经营所产生的垃圾也越来越多，如何处理每天产生的大量垃圾，是一个值得重视的问题。苏磊介绍，早先的处理方法是焚烧与填埋，不管是有机垃圾还是无机垃圾，都进行压缩、焚烧，不仅会产生大量二噁英，造成污染，还会损伤设备。没有一个居民愿意生活在垃圾焚烧炉附近。而填埋所产生的渗滤液对土壤侵蚀严重，甚至有污染地下水的风险。

苏磊也曾去过浙江某城市的垃圾填埋厂。"车在山里弯弯绕绕，进了山坳，苍蝇就'扑面而来'，像是要把车都盖住，密密麻麻，毫不夸张。"难闻的气味也让人难以忍受，即便车窗紧闭，阵阵恶臭也令人作呕。原先从事这一行，他考虑的仅仅是"这个行业有前途"，但类似的场景亲历几回，他便意识到了肩上的责任。

"习总书记说，'绿水青山就是金山银山'，这是一件有意义的事，我想把它做好。"一如当初在海外参与的不少重要项目，苏磊希望，以后说起自己做环保的经历，也可以像"这个国家高铁四电升级系统是我做的""这个国家光网络方案是我参与设计的"一样，和自己的子孙后代"吹吹牛皮"，"这是真正可以为子孙后代谋利益的事。"

原先，他们只想专注生产垃圾处理设备，通过绿色、节能、创新、环保，实现资源化、无害化、简单化处理。但随着业务推进他们发现，如果不提高使用者的垃圾分类意识，各种垃圾一股脑处理，难以保证设备的长期稳定运行，便开始着力推广智能化垃圾分类系统。

打开公司官网，"企业文化"那一页中，三个小标题十分醒目：以客户为中心、以奋斗者为本、以结果为导向——这恰恰契合了华为的企业文化，华为人的基因，处处可以在他们的处世方式中找到痕迹。

作为外省人，苏磊可能比省内人都要了解浙江，哪个城市通高铁、哪个乡镇有高速，他都了然于胸。负责浙江省业务的他，每月驾车的行驶里程，大约都有10000公里。"创业辛苦一点也是有意义的。我们唯一烦恼的，就是如何提高工艺、增加产值。"

"有些小企业，投给'麻布镇'的标书，居然写成'麻步镇'，地名都能给人写错了，能把设备做好吗？能有长远的目标吗？能思考如何处理有机垃圾对环境更有利吗？他们想的就是如何成本更低、利润更高。"公司的职业化程度，以及产品的高质量，使他们在数以百计的企业中脱颖而出，在本省企业中数一数二。截至今年6月，浙江省内所有的垃圾处理项目招标，大约有40%花落延杭之手，全省已经布设约80个点，每个地级市都有他们的设备。

垃圾分类处理是一项拥有广阔前景的产业，但如何操作，苏磊坦言自己目前也是"吃螃蟹"："但吃螃蟹的方式有很多种，扔嘴里嚼一嚼也是吃，拿工具把肉剔出来也是吃。我们不怕出错，只要出了错能解决，就能积累经验。企业要长久生存，就必须苦练内功。"

"每个人都喜欢绿油油的地方，如果不出意外，我希望这是我职业生涯的最后一站。"

那以后还想去圆"种树梦"吗？

"我现在做的事情，不是就和种树一样吗？"

# 李斌

## 这位华为老将站在了耳机行业的风口上

文 / 王海燕

"南山地头可是华为的发源地,当年在这里出没的常客,一眼望去都是通信圈的熟人。"

深圳南山区的咖啡馆一隅,老华为人李斌讲起一则往事。2003年法国戛纳展,当时的华为3G展台讲解人李斌陪任正非去其他展台转悠。"这是我唯一一次单独陪任老板,"李斌回忆道,"不少展台的人认识任老板,老板基本不理会,收名片也不回。有人特意跑过来递了一张名片,任老板也就回了一张,上面除了'任正非'三个字,什么都没有。"

"任老板就是这样的人,低调务实。他到展台只关心最新技术有什么特点,对用户有什么好处。"

1997年进华为无线业务部的李斌,在华为工作了16年,曾是华为商用GSM和商用UMTS首版本研发团队成员,也是华为中国香港地区、马来西亚UMTS商用合同的行销项目负责人,足迹遍布26个国家和地区。

据说,1997年入职的那一批是最忠诚的华为员工,离职率最低。李斌不是留守者。3年前,他离职创办"东方酷音"。不过,说起"忠诚"，他一样别有体会。"离开华为后，我才觉得更需要华为文化。90年代听任老板讲话，说'是因为无知才进入通信行业'，还觉得有些矫情；可轮到自己创业了，才悟到那是发自内心的声音。"

## 爱立信最佩服华为的是员工能上能下

1974年生的李斌就读南京大学电子工程系1992级。"父亲毕业于华南理工电子系，70年代三线厂建设由南京迁到襄樊南漳的神农架山区，干了整整30年三线。我选择去南京读电子系，也是对他的认同与追随。"

1996年李斌从南大毕业，他的第一份工作是在长城电脑研发中心。"我进长城电脑的第一堂课，不是介绍长城文化，而是被教导说'华为是不行的企业'。我那时就好奇，被批评的企业一定有它的过人之处。"

原来，位于深圳科技园的长城电脑基地毗邻华为，近水楼台先得月，长城电脑的员工一个个地被华为挖走。李斌分到的工作桌的前任员工也去了华为。桌上那位员工留下一张照片。尽管已经过去20年，李斌依然清楚地记得这张华为1995年的北展照片：一张很小的桌子上插了面红旗，一位华为人不卑不亢坐在外国人中间。上书："中国要发展，唯有靠自强。"透过这一画面，华为文化在李斌心里打下了最初的烙印。

1年后，李斌也进了华为，工号8857。

在华为的头一周，他就被批评。以前在长城电脑下午5：30是下班时间。到了华为，李斌照旧，5：30一到就捧着饭盒到食堂打饭，饭堂师傅很不解，"小伙子，你午饭是不是没吃饱啊？你等会啊，我这就给你搞。"组里的人开始"数落"他,"你小子胆子太大了,一下班就走人。我们晚上还要讨论事情,你就这么跑了。"李斌这才领教到华为的加班文化。

彼时,华为正热火朝天地开发 GSM 市场,李斌也加入了 GSM 组,那时候整个 GSM 也就几十个人,"入职第二天,我碰到刘江峰,他问我是哪里的,我说我是 GSM 组的。刘江峰有点惊讶,GSM 居然还有我不认识的人,我说,我昨天才来的。"

1997 年到 1998 年,正是华为高速发展的时期,大伙儿铆足了劲一起干。很快,李斌就被任命为工程师和项目经理,"当时工程师任命都是任老板签发的。"

李斌很感怀那段日子。"在华为,你对谁不满,都可以投诉他。如果真有问题,部门领导会代人来道歉。我一开始年少气盛,和其他部门合作时,傲娇得很,我说别人都不懂我们无线,我的领导就为了我这句话去跟别人道歉,'这小子就这样,别挂在心上'。"

2001 年,在研发转市场的号召中,李斌从研发领域转做 3G 市场,开始了"南征北战"的驻外岁月。他是华为最早拓展 3G 市场 6 人小组成员,后来成为华为 3G 亚太市场负责人、华为无线品牌部负责人,以及华为配套产品线营销工程部部长。

"在华为的这些年,我经历了研发、市场等各个部门的历练。"让李斌颇为自豪的是,他是华为集团营销专家委员会成员,做过华为第一届营销专家委员会评委,他的文章《华为 3G 东渡日本》还入了《华为人报》的精选集。

李斌不仅文笔好,思维也敏捷。"余承东曾说过,他的 CPU 速度是 2X,其他人基本跟不上他的节奏,他认为我的 CPU 速度是 4X。比老余还快,哈哈。"

外界对华为人的印象是:勤奋,尚斗。"那是在一次干部研讨会上,我坐最后一排,我当时向任老板提问,华为文化强调'斗',怎么理解这个'斗',任正非回答得干脆,不是斗争的'斗',是艰苦奋斗的'斗'。"李斌说,这就是任正非在华为所倡导的,"以客户为中心,长期坚持艰苦奋斗"。

这期间,李斌也经历过几次起落,做得不好就下岗,这在华为很正常。"我曾代表公司跟爱立信等公司谈 3G 合作。爱立信的人说,他们最佩服华为的就是能上能下,如果一个项目谈判得不好,半年内就再也看不到这个人。这在爱立信可行不通。"

奋斗的日子几乎被加班填满,李斌记得,儿子出生还是专门挑的日子,"因为只有那天我才可以请得出假。"

也并非没有弹性。1998 年年底,他一度想离职去美国,但是离职申请没有通过。华为规定,连续 3 天不打卡,等同于自动离职。李斌干脆就不打卡了。过了一个月,刘江峰的秘书打电话给李斌,"每天帮你做考勤,快要被中研通报批评了,你快回来作个情况说明吧。"既然刘江峰给了个台阶下,李斌也乐得接受,"这相当于我多了一个月的假期哪。"

## 做了 11 年市场居然被骗得门都找不到

真正做出离职决定时,李斌 39 岁,正处于中年的门槛儿。

2014 年,李斌在深圳做鼻炎检查,查出患有严重的呼吸道疾病,血氧指数已低于 60，医生要求立即动手术。李斌没有时间请假，也没有来得及汇报。那时，他刚被派往西班牙做销售总监，此前因签证问题一直拖延，现在对方听他因为一个鼻炎手术又耽搁了，气得把电话都摔了，说是要全片区批评。

后来这事刘江峰帮他搞定，免去了通报批评，不过，李斌也因此被削去总监一职，"回到深圳我又成了普通员工，好不容易4年做到销售总监，又回到原位。"

较之职位的起伏，生死考验对李斌的触动更大。妻子告诉他，这个手术相当危险，有 25% 的死亡率。"躺在烫衣板一样的手术台，不由得重新思考人生。我心里想，还是要看看外面的世界。"

很快，李斌辞了工作。离职理由很简单，想让孩子去美国上学，离职 3 个月后，原部门 HR 还致电，"怎么变成创业了呢？"

彼时，南大邱老师团队正好有个"声音"ANC 领域的科技成果，李斌想把前沿产品和市场结合，于是组队成立"东方酷音"。

营业执照申请下来的那天，是 2014 年 9 月 18 日，正好是阿里巴巴在纳斯达克上市的日子，"很多人打电话给我，为啥专门选马云敲钟那天。我也无言以对啊，这是国家 IT 系统排的时间。"

但他显然低估了从实验室到市场的跨越。"我对创业难度估计严重不足，我认为难度值是 3，实际难度超过 30。"

在华为，奉行诚实守信的原则，做的通常都是高信誉客户，"如果客户要恶意骗公司，我们就不做这个生意，不仅不报低价，还要报高价。"李斌说，"这就是华为的价值观，选客户的时候，也是选跟价值观一致的。"

可离开华为大平台的创业者，依旧如此行事，显然太"天真"了，

"没想到驰骋市场 11 年,见过无数场面,居然被人骗得门都找不到。"李斌感慨,最初那阵子,各种各样的人让他送耳机样机,"结果都没了回音,钱不给你,还抄了你的方案。供应商收了钱做不出东西,还说是你的设计问题。"

2016 年,正是从南大毕业返校 20 周年,本以为公司做起来可以为母校捐点钱,结果工资都发不出,差点倒闭。

2016 年 3 月,李斌开全体股东会,跟股东们说,"快撑不下去了,公司要做最坏的打算……"

就在那天晚上,李斌接到一个来自海外的电话,"对方劈头就骂了我一顿——你还是不是华为人,这点困难就放弃了,你忘了我们当年有多么难吗,不就这么点事情吗,就算输了又怎么样,你的顽强、你的坚持、你的诚信到哪去了呢?"

## 从航空母舰落到了小舢板

在公司最艰难的日子,华友会副会长李伟找他吃饭,语重心长地说:"李斌,你太'高大上'了,你要'矮矬穷',你现在可是从航空母舰落到了小舢板上呀。"

一语点醒梦中人,李斌咀嚼着话中含意。"之前在华为,我们都是大兵团的狼群作战,兄弟们不达目标不罢休,高举高打,成批上,倒了再来。创业小公司显然不能再用此招,应该学学街边的油条店,先活下来。"

他开始反思自己犯的错误。大公司创业做好长板即可,小公司一个短板就足以致命。2015 年，公司 60 来个人，人事虚浮，铺张浪费，找不到代工厂，竟然自己建个厂，一副财大气粗的派头，结果很快吃完家底。

"当年在华为做得不够好，为什么 4 次做到总监，又被降为专家，就是我的格局和同理心不够，我是个很好的将，但要成为帅还远远不够。"他边反省边调整心态，不断补短板，"华为人的财务知识不健全，你不知道一个公司的 ABCD 怎么算出来，我花了好久才看懂门道。"

公司调整了人员结构，把尾大不掉的工厂关闭；员工们做得不好，原先他脾气上来就责骂，现在他和他们一起找问题，"我要鼓励他们，撸起袖子一起干，而不是站在一边嘲讽。"

华为人出来创业缺点明显，优点亦很明显。

"经常有人想忽悠我们，但更多人相信我们。"李斌历数创业途中的那些"贵人"：第一批投他的人是当年长城电脑的同事，第一个到公司参观的是前中兴人，前摩托罗拉人在 2016 年二话不说打给他 60 万元……

华友会的兄弟给他鼓劲，"你可要挺住啊，你既做过研发、规划，又做过市场，你都不坚持，谁坚持，你可不是一个人在奋斗啊。"

2016 年 9 月，达晨投资了东方酷音。达晨的理由很简单："音频产品正在爆发期，华为系做产品比较能坚持，决不会轻易认输，只要门槛够高，团队具备持续学习能力，投资逻辑就成立。"

说到技术，李斌着实也透着股自信，"我们花了 3 年时间做这一款耳机，里里外外都研究透了，几乎没有公司是这么做的，一个小公司谈不上品牌，那就先在技术上证明自己。"

为争取国际顶尖客户的订单，6 个月内，有 4 次送样都没通过，为了不辜负对方的信任,他干脆把其他几个订单都放弃了,全身心扑在这款产品上,直到对方满意。"这就是当年华为的诚信和坚持,在激励着我们。"

经历过最黑暗的那段日子后,东方酷音逐渐转好:不仅硬件上技术优势明显,ANC数字降噪工程国内第一,国际领先,与BOSE的降噪曲线接近,在透气、音质与降噪兼容等方面自有专利项;在软件上,是国内罕有的拥有自主源代码的全息声效算法公司,3D定位感和音色获得专业唱片公司认可。A轮融资2017年也如期关闭,估值从最初的1000万元到如今的近两亿元,已成为全球顶级互联网公司的供应商和富士康的供应商。

李斌拿起手中的耳机现场演示,"我们的耳机有超强的计算能力,很好玩,不仅降噪,还能识别人声,进行听力补偿,还有可能成为信息终端。"

眼下,耳机行业正风行,东方酷音其实正站在了风口上,"很多人羡慕我们服务全球顶尖客户,说我们是抓住了战略制高点。"

面对业绩上扬的曲线,李斌这时倒显得谨慎。"离开华为,我才觉得更需要华为文化。那时在华为,觉得任老板的很多语录也许是为了宣传,现在反过来回想,才觉得任老板的话句句发自内心。"当年,这些熟稔的金句"用乌龟的精神战胜龙飞船""20年来所做最大的事情是诚信"也成了他的口头禅。

他依然和老东家保持着联系,谈得最多的就是华为文化。有一次,李斌对余承东说:"我当年可是华为大学的金牌讲师,满意度99%,你能否请离职出去的人,回来讲讲华为文化,这样我也贴补点公司费用。"余承东听了哈哈大笑。

当年一起进华为的老同事调侃道:"你们不要以为你们创业的是在奋斗,我们留在华为的,才叫奋斗,让你不停换岗,即使这样我们还坚守在华为。"

不过,李斌显然对华为人的期许更大,"能上能下,也要能出能进,其实我希望华为能有更多的人才出来,特别是35岁到40岁这批人,他们如果一旦克服最初的创业陷阱,找对方向,可以将华为的优秀经验向更多领域辐射。"

# 鲁青虎

## 他跑去凤凰山里办了个书院

文 / 吴颉

与鲁青虎见面前,笔者反复搜索资料,试图确认一件事:这个曾经的"华为海外某地区部副总裁",与网络上查到的"凤凰书院执行院长、聚寿山书院教授、中华孔子学会国学教育研究会常务理事",真是同一个人?

如果是,这样的转型,前后反差可太大了。连"青虎"这个名字,也颇有些传统文化的意味。

挂断电话,老远看见一位戴眼镜、穿布鞋的先生冲笔者招手微笑,只需一眼,心中的"小疑惑"便有了答案。

《文化的力量——华为成功之道》,这是采访前不久,鲁青虎在深圳宝安区福永街道凤凰书院开讲的题目,虽说已经成了国学教授,但他的心却始终没有离开过华为:"离开华为的人都是很感恩的。不说百分之百,十个人里至少也有八九个。"

"为什么这么说呢?文化的力量。"

## 改变人生的演讲

"进华为之前,根本不知道这家公司。"

鲁青虎说话不紧不慢,轻声细语中透着沉稳,不像是在开玩笑。1992年从南京邮电大学无线系毕业后,鲁青虎回到了老家江西,进入南昌市电信局工作,接触的企业多是爱立信、朗讯、贝尔、阿尔卡特这样的外企。那时尚走在"农村包围城市"阶段的华为,还在开拓县级市场,未能在省会城市市场分一杯羹。

工作4年,鲁青虎积攒了近20天的年假,趁着休假,他便来深圳访友,也想见识一下改革开放的窗口,这个20多岁的年轻人很快喜欢上了这座城市的氛围。"朝九晚五还是节奏太慢。别看我表面上不张扬,其实内心是好动的。"来到深圳,鲁青虎顺便投了几份简历,也收到了几家外企抛来的橄榄枝。

然而一顿午饭,彻底改变了他的职业生涯。

受同学邀请,鲁青虎前往华为参观,他至今还记得那天的场景。在科发路1号,科技园的1号楼门口,他便有了第一感觉:这家公司,有点不一样。

何出此言?鲁青虎发现,这家公司楼前的保安,站姿挺拔,器宇轩昂,显得格外精神。后来他得知,华为的保安,接收的都是3个部队退役的军人:国旗护卫班、中央警卫团和驻港部队,都是千里挑一。

进入2楼展示厅,鲁青虎发现走廊两边挂着不少时任中央领导人前来参观的照片,江泽民、李鹏、乔石、李瑞环都曾来过。"作为通信行业从业者,我竟然不知道有这样一家企业,感觉自己有点孤陋寡闻。"

大约11:30,在食堂等同学下班的鲁青虎,看见一位穿着朴素的长者走上了讲台，面对一众年轻员工滔滔不绝起来。有三段话，给鲁青虎留下了深刻印象。

"以后华为最大的问题是钱太多了，发给你们的钱也会很多。你们如果要买房，一定要挑大阳台的。"不仅是华为人，连不少企业外的人初次听到那段描述，都会被深深震撼，"因为今后发给你们的钱用不完，老搁在床底下会发霉，要经常拿到阳台上晒一晒。"居然还有这么描述未来的！作为在普通家庭成长起来的年轻人，鲁青虎与台下其他人一样，都心潮澎湃。

"我们每天的工作，我们每卖出一台设备，都是在直接爱国。"这一点，鲁青虎倒是深有体会，那时国内的通信行业，还是外国企业的天下。据他了解，外企员工出差住四星级以上的酒店，相比之下，自己去北京出差住宿费标准仅有30元上下，外企利润之丰厚可见一斑。那个时候，"如果外企程控交换机一线卖2000元，华为卖1000元，这样可以直接节省外汇。实干兴邦。"这样一番解释，将鲁青虎"圈粉"了，用他自己的话说，是"讲到了心坎里"。

"我们还要把设备做到全球。现在他们在我们家门口竞争，以后我们要到他们家门口去竞争，把五星红旗插遍全球！"这是第三段话，好一个"把五星红旗插遍全球"！

也许接受爱立信、朗讯、阿尔卡特等公司的邀请，收入会高一些，但如果自己的工作能切切实实与"爱国"挂上钩，还有什么好犹豫的呢？当天下午，鲁青虎就敲开了华为人力资源部办公室的门，交了一份简历。

随后的近半个月假期，他直接留在了深圳，参加了华为的入职培训，抽空回南昌辞去了原来的工作。

回想起那三段话,如今已是儒学专家的鲁青虎,不禁啧啧称赞:"不知道任总当时有没有读过《大学》,这不正是《大学》中的'齐家,治国,平天下'么。难怪那么有煽动力。"

台上那位长者,自不必说,就是任正非。

## "我一直是任总的粉丝"

现在,常常在外讲课的鲁青虎,还会以一名亲历者的身份,讲起华为的成功之道。说起当初用一段演讲就把自己带入华为大门的任正非,他毫不掩饰自己的仰慕与欣赏:"很多员工都爱看任总的文章,起码我就是他企业管理思想的粉丝。"任正非的一篇篇文章,他如数家珍,任总的精神,他也在一步步用行动实践:"每篇文章,都像一面战鼓。"

"以奋斗者为本,不让雷锋吃亏",是华为企业文化中一以贯之的重要内容之一。深深信奉这一点的鲁青虎,初入公司,便主动申请,要去"艰苦地区"。

第一站在云南,坐在穿梭于崇山峻岭之间的巴士上,没有安全带,紧攥扶手的鲁青虎,手心直冒汗,"太吓人了,不敢松手,下面就是万丈深渊,那时候就想,如果去了阿尔卡特,肯定就在省会城市出差了,怎么会跑到这种地方来?"

在这样的条件下,鲁青虎还是打响了"开门红",他用两个月时间将楚雄州电信局的一套华为供应会议电视系统维修完善,让这个华为原本在云南市场的设备"包袱"得到了电信局和当地政府的认可,原先连续不断的投诉信也变成了表扬信,他自己也成了接下来的华为公司云南省网会议电视项目组的组长,华为在云南省的省级通信网络市场由此打开。后面两年,鲁青虎在西南西北地区工作,他所负责运作的华为新业务项目,成功率达到了 70%～80%,这在公司内部也是并不多见的。

鲁青虎说话时有个习惯,常常会吸一下鼻子。"这是在青海落下的病根,那边的空气中水分含量非常少,对鼻腔黏膜伤害很大。"由于鼻腔黏膜破裂、流血、凝结,呼吸不畅,晚上睡觉时,每半小时他都要醒来一次,用棉签蘸水把鼻孔湿润一下,就这样坚持了近 4 个月。"重大项目每个员工必须坚守,不然这个项目就不会交给我们华为来做。"他说,1997 年,任正非写了一篇文章《华为的红旗到底能打多久》,提出要建立一支"狼性文化"的团队,那时的华为人,的的确确都可以用"锲而不舍,奋不顾身"的狼性精神来形容。

有付出自然有回报,鲁青虎的坚持很快便迎来收获。到了 1998 年年底,鲁青虎两年多的工作收入,已经足以使他在南昌市区全款购买一套 120 平方米的住房,而他自己也被调动到了北京,担任华北片区新业务部经理。"以奋斗者为本,不让雷锋吃亏,所以公司还真的是说到做到了。"

"当时的感觉,其实不太辛苦,反而还蛮兴奋,因为公司的文化很公平。"鲁青虎回忆,在公司内部,人人必谈华为文化,和亲朋好友谈,和同学客户谈,甚至单位的司机在接待客户时,也在滔滔不绝和客户谈文化。

坚持不懈的精神在华为的发展历程中一次次体现。2001 年,受到金融危机的影响,运营商投资信心大减,订单量也严重萎缩,前一年业绩接近翻番的华为,那年的业绩仅仅从 220 亿元人民币增长到了 225 亿元人民币,2002 年更是减少到了 221 亿元人民币,连任正非都直言:

"华为的冬天来了。"那一年,华为将华为电器出售给了美国爱默生公司,换回了一件"过冬棉袄"。"有一首日本歌曲,叫《北国之春》,任总那时组团去日本,发现日本民众在经济萧条时仍然昂扬向上,后来他每到艰难的时候,都会听这首歌,听了不下百遍。"他回忆,有些员工在那时选择了离开,但更多的人在任正非的号召下,在困难中解决问题、完善体系,终于在2003年,迎来了风雪后的春天。

## 理科生因华为与国学结缘

公司迎来新机遇,鲁青虎个人也面临着转折。

2003年前后,转危为安的华为将更多视野投向了海外市场,开始号召员工前往海外。彼时的海外市场,大多都是难啃的骨头,早已被知名的国外企业攻下了山头,而华为作为一家在国际上尚且名不见经传的中国企业,想要取得突破,无疑难上加难。

在鲁青虎的印象中,在新加坡的一个国际通信展上,华为在展台将设备罗列出来,很多国外运营商甚至要求打开设备瞧一瞧。"他们怀疑这是个空壳,想知道当中是不是真的有板件,他们不信任你。"

调去深圳总部不久的鲁青虎,此时并未申请前往海外,毕竟刚刚落脚,一时不想放弃老婆孩子热炕头的生活。他被调往运营商解决方案部,随后又去组建了全球案例培训部,虽然级别没有变,却离核心部门越来越远了,考虑到个人发展,与爱人商量后,他决定再试一试,便递交了出国申请。不久,公司调他去了全球业务与软件部门任副总,负责全球项目支持,1年多时间便跑了20多个国家。1年之后,又被派往亚太片区组建华为软件公司，计划把业务与软件在亚太的销售、服务和研发等三大模块整合在一起，探索新的管理模式。

然而在每年例行的体检中，鲁青虎渐渐发现自己的身体出了状况，才30多岁，血糖就已偏高，"我太太是医生，坚决要求我不能再做了，年纪轻轻就糖尿病，以后几十年怎么办？"考虑到实际情况，公司将他调回了国内，还让他休养了一段时间，但回到总部，他却再难恢复到当初激情燃烧的状态。"人哪，真的就是一鼓作气，再而衰，三而竭，公司对我挺好的，但回来后心里面的气就是提不上来了。"于是在2009年，鲁青虎告别了奋斗16年的华为。

虽然离开了，但华为带给他的影响，却还延续至今。作为一个理科生，鲁青虎与国学结缘，也是因为华为。

2002年，公司发起了一个中高层管理者的文史哲培训班，面向总监以上的干部。每年利用大约一周时间全封闭培训，邀请北大、人大等名校学术大家进行文史哲方面的授课，鲁青虎连续5年参加了这项课程，接受到汤一介、楼宇烈、王博等众多国学名家的熏陶，"基本上每场不落。"正是这一系列的课程，为他打开了国学天地的大门。

对国学产生兴趣，则是在更早以前。初入华为，在云南时，鲁青虎发现身边有同事非常喜欢读《论语》等经典，还买书送给客户。"在一线同客户打交道，如果只谈技术和商业，其实还不够。如果人文素养高，更容易建立朋友关系，获得尊重。"在鲁青虎看来，一个有修养有学识的人，大多数人都会愿意与他打交道。

## 企业高管的书院情怀

割舍 IT 行业，鲁青虎踏上了弘扬国学之路。

离开华为之后，鲁青虎自己创办过智能穿戴方面的公司，也加盟过智能电网方面的公司，五六年的打拼，所见、所闻、所感，让他深刻体验了华为之外的市场江湖，华为文化与其他企业文化在他心中一直在做对比。

"有些企业对华为的文化，有点'叶公好龙'的感觉，把文化贴得满墙都是，但执行力却脱节了。"离开华为时间久了，鲁青虎却更深感华为文化之美，这个美就体现在华为的价值创造、价值评价、价值分配相对而言更公正、更公平等方面，这些才是企业文化的核心。于是，鲁青虎转而开始兴办书院，从事中华文化和企业文化相结合的研究和传播工作。

2015 年，他成立了丰德修邦文化传播有限公司，这是一家运营管理书院的专业化团队。"书院是一个文化管道，一端连接纯正学问的传道学者，另一端是积极求知的社会大众。我希望通过我们的努力，复兴古老书院，新建现代书院，让中华传统优秀文化有效润泽大众。"

目前，他已经兴办了梧桐书院、孔子荟丰德国学院等民办书院，还在主导运营凤凰书院、绮云书室等官办书院，还与包括北大、复旦、人大、武大等国内名校大家合作，构建了由 10 多位名家组成的国学学术委员会。近两年举办的国学活动近百场，受众群体超过 4000 人次，鲁青虎和他的书院也被越来越多的深圳乃至全国的国学专家所认同。

2017 年 4 月，在山西大同，聚寿山书院院长、国学大师钱穆之子，清华大学的钱逊教授，为他颁发了聚寿山书院教授证书，同时获聘的学者还包括了岳麓书院研究院院长朱汉民教授、中国文化书院秘书长苑天舒教授等。中华孔子学会国学教育研究会也聘他担任常务理事。现在坐落于深圳凤凰山风景区的凤凰书院,这间由莫言亲笔题写院名的书院中,鲁青虎主要讲三门课,一门是"王阳明的悟道之旅",一门是"《孙子兵法》的制胜之道",还有一门就是"文化的力量:华为的成功之道"。对象则是政企管理者与教育工作者,他们对鲁青虎授课的内容都十分感兴趣。除了中国人寿、中国电信、宝安中小企业,甚至连清华深圳研究生院也曾多次邀请鲁青虎授课。

"想通过国学赚钱,在我看来,现在还没有太成功的模式,今后很长一段时间内也不会有暴利。"鲁青虎开办的国学班,大多都是公益向社会开放,在他看来,书院首先应该是一个精神的殿堂,"这在我心目中挺实在的,我不希望把它做得太商业。"

# 熊伟

## 从达晨"净身出户"创办"千乘资本"

文 / 王海燕

"即使以今天的眼光看,这依然算得上一个豪华的创业团队。后来,这个团队赚了不少钱,但没有做到上市。所以回过头来看还是挺遗憾的。"

熊伟从来没有想到,从华为离职后第一段创业的"缺憾",成为他日后二次创业的一个伏笔。

2009年,熊伟加盟达晨创投,其后的5年,他以最快的速度升为"达晨合伙人",他曾投资的讯游科技、数据堂、兆日科技等项目,一度成为投资界的经典。可仅仅1年多,他就放弃了这个众人艳羡的头衔,也放弃了即将到手的千万奖金,"净身出户"创办自己的企业"千乘资本"。

名字,即暗含着期许。深圳南山科技园区一间明亮简洁的办公室里,沉稳中透着自信的熊伟讲起"千乘"的意涵。"千乘",取自《论语》,"道千乘之国,敬事而信,节用而爱人。"用他的话来说,就是要恭恭敬敬地对待自己所从事的工作,爱惜节制,同时珍惜可用之才。"千乘"的英文名也特别有意思,取义斐波拉契数列,意思是一点一滴的积累,产生几何倍数的成长效应。

2017年12月,熊伟又一次挑战深圳马拉松跑,和他一起跑上赛道、为他呐喊助威的,很多都是昔日的华友。在历经了就业、创业、投资、再二次创业的职业周期后,熊伟依然感怀他的第一份工作,"华为打下了我职业生涯的底色,那是一段激情燃烧的岁月。"

## 那段激情燃烧的岁月

1974年出生的熊伟是湖北人,本科在吉林大学就读,后又考回武汉,成为中南财大的经管系研究生。

"那个时候,财大毕业生的分配都很不错,愿意去企业的人很少。"1998年年底,熊伟先是拿到了武邮研究院的offer,隔了一周又拿到华为的offer。武邮在当地是个非常好的职业选择,而他选了华为。

"外面传说华为的淘汰率高,待遇也高,号称是提供'中国的机会,外企的待遇'。而且我觉得深圳更开放自由。"熊伟记得,那年中南财大去华为的有三人。一个去了生产部,一个去了财务部,熊伟则去了市场部。"华为校招生大部分来自计算机和通信工程系,都是科班出身,我算是非典型。"

在深圳总部只待了几个月,熊伟即被外派到山东。彼时的山东办事处一派欣欣向荣的气象,不仅业绩出众,还培养出一大波华为骨干,可谓华为黄埔军校。这与领头人毛生江有关。

在华为,有一句名言,叫作烧不死的鸟是凤凰。任正非用"凤凰涅槃"来揭示年轻人必须经过磨难和洗礼,才能走向更远的道路。于是,一批又一批高层干部下放到各个区域的市场锻炼。

1996年华为市场部集体大辞职，受影响最大的就是当时市场部代总裁毛生江。他从一个公司级的领导一下子被撤下来，后来又担任过话机事业部的总经理，自华为放弃终端业务之后，毛生江被派往山东办事处做主任。

毛生江很快就在当地打开了局面，山东办事处的销售额排名第二，成为仅次于广东的第二大区域市场。初出茅庐的熊伟被投到了最火热的市场前沿，他从山东办事处客户经理做起，负责山东移动的市场对接。

"那时候根本感觉不到苦，"熊伟记得很清楚，为了一个投标项目，他日以继夜埋头苦干，三天三夜都没合过眼，"你知道那是一种怎么样的工作状态吗？后来一举拿到标，我昏睡了一天一夜。"

华为干部能上能下、几起几落是司空见惯的事。几乎所有的高层管理者都不是直升上去的，今年你是部门总裁，明年可能就成了区域办事处主任，后年可能又到海外开拓新的市场。集体辞职4年之后，任正非又重新将毛生江任命为公司副总裁、国际营销部总裁，并号召全公司员工向他学习。很多人私下里都称毛生江为"毛凤凰""毛人凤"，有位高层领导曾开玩笑问他，你是一只烧不死的鸟？当时有些疲惫的毛生江回答，世界上根本没有烧不死的鸟。

继毛生江之后的山东办事处主任是郑树生，郑树生在山东又带出了一批干部。后来他接受特殊使命在杭州创办华三，剑指李一男的港湾。

在毛生江、郑树生这两位强势领导下，熊伟成长得很快。说起这段往事，他稍稍有点激动。"我一直这么觉得，我在山东办事处的经历就是一段激情燃烧的岁月。当年进公司时连打字都不熟练，到后来做市场的独当一面，打下大小无数场销售战役，山东办事处给我提供了很大的历练机会。"

2002年，熊伟回到了总部。熊伟的妻子在华为总部财务部工作。"我们2002年结婚，一度还为选择到上海还是深圳定居而犹豫，后来还是在深圳安了家。"

随着华为海外营销战略的节节推进，时任国际营销部总裁的毛生江广为布局，他从山东选调了很多干部去海外，熊伟自然也在其列。不过，刚刚成家的他并没有强烈的"出征"意愿。

按照当时的公司规定，如果夫妻双方都在华为就职，收入高的人按收入低的一方拿奖金和股票，"我身边的一位同事如实上报，结果真的按照低收入的那位发奖金了。"显然熊伟也有这方面的顾虑。

"公司屡屡催我出国，这时，小伙伴又拉我创业，这一拉一推之间，我干脆就辞职了。"

## "净身出户"开始二次创业

那时，拉熊伟去创业的正是从华为离职的小伙伴，这波创业潮的背景就是响应华为内部创业的号召，李一男也正是在这一波出来创办港湾公司。

2003年，熊伟和其他8名合伙人一起创办软件公司。昔日的华为副总裁、产品总监、软件硬件主管聚在一块摩拳擦掌……"我们的团队相当豪华，又都在一条产品线上，好几个都是1995年入职的，我的资历算是浅的了。"

不过，让熊伟一直耿耿于怀的是这次创业并没有达到他所期望的目标。

他将此归为创业的"初心"。"我们最初只是想大家合伙一起赚钱，最后，我们确实赚到了钱。但以更高的标准来看，并不算成功，当时比我们差的好几家公司后来都IPO（首次公开募股）了，而我们没有把握住机会。"创业团队的老大2005年就移民加拿大，3年之后，作为公司第二大股东的熊伟也离开了。

经历过就业、创业后的熊伟开始转换跑道，一头扎进了投资圈。2009年，35岁的熊伟加入达晨创投，从投资经理做起。这是他的第三份工作，一开始，这份薪水比华为还低。

"我那时跟着一帮相差10多岁的人一起从头做起，挑战性很大。"在巨大的心理落差面前，熊伟坚持了下来，为把基础打好，他亲自做尽调、财务、法律、写报告，在投资经理的位置一坐就是一年半。

熊伟在投资圈的一炮打响始于迅游科技。"一开始达晨内部对迅游科技并不看好，在投资经理个人跟投的保证下才勉强完成了投资。事实上，很多美元基金也并不看好。"可熊伟依旧坚持，因为他在意的是背后的大方向和趋势。

360董事长周鸿祎是迅游科技的天使投资人。在北京中国大饭店，熊伟与周鸿祎进行了两个半小时的访谈。熊伟的一番阐述让周鸿祎增强了对迅游科技的信心。后来与周鸿祎相熟的另一家投资机构争得了项目主投。此后迅游科技一路扶摇直上的精彩表现，证实了熊伟独到的眼光。

2014年年底，工作满5年的熊伟升为合伙人。达晨规定，升为合伙人，必须得在公司工作满5年。达晨人才济济，仅直接投资的队伍就超过80人，而熊伟是达晨唯一一个到了5年就提职的。

谁也没想到，升为合伙人刚满一年的熊伟就递交了离职申请。彼时，迅游科技解禁在即，这也意味着，他要放弃1000万元的现金奖金。

很多人都不理解他的这个选择。离开那天，熊伟对达晨董事长刘昼说："第一没有人事关系的关系，第二不存在经济纠纷，我也愿意主动放弃既得利益。我43岁了，再不创业就没机会了。"

第一次创业留下的缺憾，始终在熊伟心头挥之不去。"我本来是想在达晨内部创业，但内部创业推动太麻烦，就不折腾了。"

2016年9月，千乘资本正式成立。凭借良好的口碑，熊伟的募资进展十分顺利，短短一个半月，就募集了5个亿管理资金。

这一次，他充满激情，也异常谨慎。第一次的创业经历他一次次"复盘"。"创始人的主人翁意识非常重要。那年29岁，天天被催着去国外，而总部又不需要开拓市场，所以我干脆就出来创业了。这个初心就不纯粹。"

他提起上午去谈的一家公司，"这家股权分配是30%、20%、20%，这种股权我就非常担心。我对创业者说：'你是老板啊。'他说：'我只是老大。'这怎么能行，股东和主人这是两码事，我是老板，出了事我来顶，压力也是我来扛。你看华为的成功，任老板就起了决定性因素。在某种程度上，华为文化就是任正非个人性格和理念的彰显。"

## 他对未来投资格局有自己的理念

熊伟的办公室位于南山区科技园，另一位投资人朱波的创新谷就在千乘对面，他们都来自华为系，是华友会的常客。"我和朱波是创投营的同班同学，他是投资界的"网红"，主攻'90后'，我则专注于TMT、产业互联网 2B领域，35～45岁的创业者是我喜欢投的年龄段。"

千乘资本目前有 13 个投资人，一半来自华为，"倒也不是有意为之，华为人做事的风格相近，不由自主地还是倾向了华为人，大家的价值观类似。"熊伟说。

对未来投资格局，他有着自己的理念。"过去的消费互联网项目，要么是销售标准化商品，要么是服务类项目，它们的特点是短供应链，一个企业就可以通吃整个行业。经过多年的'厮杀'，这里留给创业者的想象空间，已经不多了。而不同于消费互联网的短供应链，产业互联网有市场、生产、销售、物流、设计等环节，供应链条很长，这导致原来的互联网模式在产业互联网上并不适用，无形之中提高了行业的准入门槛。"

熊伟认为，现在想要在互联网创业上有所突破，产业互联网是一个合适的方向。在他看来，这是一个可以投 10 年、20 年的大行业。"产业互联网在未来几年将成中国经济的最大蓝海，或将成就产业内的 BAT。"

而产业互联网发展的"拦路虎"是数据。在一个长供应链上，数据一定要统一，但目前的数据基本上是孤岛，生产是生产的、销售是销售的。这也是很多传统企业在向互联网方向转型过程中失败的原因，市场需要一个能够提供这类解决方案的供应商出现。

发现这个行业痛点，千乘资本的第一单投给了杭州的端点科技，这家企业正是一揽子解决方案提供商，能够帮助传统企业向产业互联网转型。

端点科技团队创始人曾是阿里的工程架构师。团队 6 个人中 5 人来自阿里。"传统的公司一般是平台化战略，上层规划，基层执行，到了互联网时代，就要求扁平化，也就是去中心化，并快速迭代。最典型的代表就是苏宁和京东,前者一个修改的需求要走一个很长的流程,而在后者平台上,一个'小二'就能及时改掉。我们投的团队就是通过技术重塑公司架构,实现管理思想的 IT 化,帮助企业实现互联网平台的管理模式。"

熊伟说:"创始人原来在阿里负责淘宝的架构,对拓展架构驾轻就熟。这个技术也有它的缺点,但刚性需求太强,把很多短板给弥补了,且得到大客户的认可,很短时间内就获得了海尔、国美等企业大客户。"

一年半之后,这家公司被阿里以多倍溢价收购。"这是我们签的第一单,也是退出的第一单。可以更好,但他们有阿里情结,想回归阿里大家庭,也能理解。"

投资行业并非如外界看来那么轻松亮丽,竞争压力特别大,熊伟反复强调的一个词——Focus(专注)。"专业化的前提是专注,注意力分散了,任何一个人也做不好。所以,我们目前不做 2C 这一块,而是抓住'供给侧改革'的政策机会,致力于 2B 领域,基本集中在重度垂直项目上。"

这种深度聚焦的专注力,闪烁着华为文化的影子。"经验和知识很重要,而底层的东西更难学,底层的东西就是价值观,就是品质和风格。"熊伟说的"底层",与他职业生涯的第一站有关,"一张白纸就此打上了华为文化的烙印。这 5 年对我未来的职业道德、职业境界都有很大影响,我现在的一套投资理念和价值观,根源都在那。"

# 罗勇

## 创业后他用上了自己当初研发的芯片

文 / 吴頔

"双 11"过后不久,走进位于深圳南山科技园一幢大厦内的盯盯拍办公室,"大战"的硝烟仍未散去——随处可见写有"最强一战"的火红色标语:"战斗来袭,拼搏到底!""双 11 带着奖金来战啦!"

这是创业后,罗勇的第三个"双 11",成绩喜人,公司勇夺行车记录仪品类的全网销量亚军,全平台销售总额突破 2500 万元人民币。

那天,公司长桌上堆满了咖啡、红牛、可乐和各色零食,凌晨 12 点 39 分 10 秒过后,销售额突破 500 万元人民币,包括罗勇在内的公司高层,开始为奋战正酣的员工们下起了"红包雨"。

"从华为出来之后,成为团队的头狼,才更加理解任老板当初说的话,才明白他的意图。"在华为 10 年,罗勇坦言,虽然每每听到任正非的发言,总是心潮澎湃,深受鼓舞,却"不懂":"毕竟我是做技术的,那时还不能宏观理解公司的发展,为什么这样说?为什么这样决策?现在就不一样了。"

## 见证"海思"世界领先

2003年,研究生毕业的罗勇迎来了自己第一份工作,他第二次与华为签订了合同。

这并不是笔误。2001年本科毕业时,恰逢电信行业扩张期,学习电路系统的他想要找到一份工作,并非难事。当别家公司普遍开出的月薪都是三四千元时,华为给出的是五六千元的优厚待遇。"这公司比较'豪'!"冲着高薪,罗勇与华为签了合同,得到了一个全球技术服务的岗位。

但全球技术服务是个啥?罗勇心里却没个概念:"不知道要干啥,没感觉。"思来想去,他选择放弃工作,继续读研,直到研究生读完,他才与华为再续前缘,这次,他进入了华为的基础业务部。

对华为或半导体行业稍有了解的人,都知道这样一个名字——"海思",这家成立于2004年10月的半导体公司,多年来集中在芯片领域的研发,并借着智能手机的东风走进大众视野,不仅生产手机处理器,还有光网络、无线芯片、视频编解码芯片等产品,既用于华为内部产品,也用于外销,市场占有率很可观。海思的前身,正是罗勇所在的部门。

那时,罗勇被分进多媒体产品线,这里不做通信相关的产品,而是主要研制视频编辑芯片,这是用于机顶盒、电视机的芯片。刚毕业的他,也成了这个被称为"小海思"、起初仅有5个人的部门的"元老"。

"刚开始只能根据别人的芯片模仿,还要打市场,琢磨怎么控制成本、提升效率。"罗勇回忆,"万事开头难",启动阶段的布局是最困难的,基本的业务和模块都要具备,只能边建团队边进行技术开发:"每个周末都要加班,几乎每天晚上也要加班到9点以后。"

"做芯片比做产品更难。"但在团队年复一年的艰苦奋斗中,罗勇参与并见证了"海思"从最开始的模仿者,到实现了自主创新并成为行业的领跑者。

这期间,他曾主导完成了芯片中负责进行视频处理的图形子系统,还主导了 IP 摄像机芯片的立项,到现在,第一款芯片已累计售出超过 3 亿枚。

这些经历,都为他日后的创业埋下了伏笔。

## 创业后,用上自己当初开发的芯片

从事研发工作 6 年后,罗勇转任营销工程部高级营销经理,从事市场工作。

在全球奔走的过程中,他发现了物联网芯片的广阔市场,想要通过 App、手机与可连接的相机,改变传统行业的生态,行车记录仪成为"落脚点"。

"大家都知道安装行车记录仪可以用来防'碰瓷',保障行车安全,但身边没有任何人装过,或是打算安装一台。"选择这个行业,是因为罗勇发现原有行车记录仪的使用体验并不令人满意,只能录视频,而且自带的低分辨率小屏幕没法看清楚,也很难导出内容,更没法分享。"如果不遇到碰瓷基本上就是一个摆设,可能在挡风玻璃上一挂就是几年,坏了都不知道。"

这使他联想到,自己参与开发的 IP 摄像机,整体上也正从工业相机向消费级相机过渡,"如果将两者合二为一,也许是个不错的主意。"

联合另外 7 位华为老员工，罗勇的创业公司很快就开张了，他们推出的行车记录仪所使用的芯片，正来自华为"海思"，当初罗勇开发的芯片，则是它的前身。

原先他从芯片开发者的视角揣摩客户的想法，如今则站到了另外一侧，作为客户使用芯片，有时还会把建议反馈给海思："相当于现在是在帮他们探路。"

有了核心技术，似乎就是有了基石，在罗勇看来，后面的一切也应当水到渠成。公司成立之初，配备了硬件工程师、软件工程师、App 工程师、产品规划，却没有结构工程师。他曾觉得，盯盯拍的当务之急是只做一款产品，请朋友帮帮忙足矣，暂时还不必专门招聘全职的结构工程师。这一决策，直接导致了产品在设计和生产上的严重滞期，直到一年半后，他们的第一款产品才姗姗来迟。同样，由于坚信"酒香不怕巷子深"，公司甚至没有安排销售，就将销售任务全都交给了代理商，导致前两年的销售状况并不理想。"后来我才意识到，一个企业如果没有销售，就不叫一个商业组织。"

虽然嘴上不说，但华为人锲而不舍，不惜一切代价"攻山头"的精神，在罗勇身上也得到了充分体现，他将解决困难比喻为"解方程"："题做不出来，焦虑有什么用？要多打草稿才行。"

创业路上一次次碰钉子，但在他看来，创业却一直是一种享受："都说创业苦，但我觉得，创业是个很'嗨'的过程，如果觉得苦，索性就不要创业了。"他说，创业是"从 0 到 1"孵化一个生命体，即便受挫折，也是成长必需的："每天我都在学习，认知在不断升级。创业重要的是有远见，我相信自己做的东西可以成功。"

前不久，一段视频登上了《人民日报》的微博：一位老人载着老伴骑三轮车过马路，突然无力蹬车停在了马路中央，一位车主见状，立即下车推着三轮车帮老人过了马路。

微博下方，网友纷纷为车主点赞，罗勇也转发了，因为这条视频就出自盯盯拍的行车记录仪，这一场景正是他创业之初所期望的——让行车记录仪成为人眼在车上的延伸，随时发现生活中的美好。

## 离开后更爱读任正非的文章

距离罗勇办公室所在的大楼不足百米，是腾讯刚刚投入使用的全球新总部滨海大厦，同样作为深圳的代表性企业，华为与腾讯，一个深耕苦干、专注质量，一个则锐意创新、立足前沿。

或许近朱者赤，除了华为的基因，盯盯拍的血液里，还多了一点活力。这家国家高新技术企业的100多名员工里，多数都是"90后"，1979年出生的罗勇，已是公司里的老大哥。而华为出身的员工，则有20多位。

"我们现在的企业文化，和华为有很多一样，又有很多不一样。"

"一样"的是对品质孜孜不倦地严苛追求。罗勇微信朋友圈的个人介绍中，只写了两个词，"专业"与"专注"。他说，华为严谨的态度、开发和经营管理的制度，都是他创业至今企业的立身之本，"这可以保证我们做事是规范、高效的，是'靠谱'的。"

另一方面，随着"80后""90后"逐渐成长为消费的主力军，他们的消费习惯，也影响着公司的战略规划。越来越多的年轻人，更青睐能满足个性化需求的产品，延续着"以客户为中心"的传统，罗勇在公中投入了大量研发人员，目前公司的研发人员在全球该行业公司中是最多的，诞生出不少富有创意的好点子。

同时，以"90后"员工为核心的叮叮拍，则因年轻文化而多了一些感召力和品牌张力，公司内部氛围也轻松活跃。"这两者不冲突。我们做品牌，和华为是不一样的，华为是修信息高速公路，我们则是在做细分领域。"时至今日，罗勇仍把华为的那段经历视作人生最宝贵的财富，站在了企业经营者的角度，他才能理解，自己当初看的任正非的文章，究竟有何深意，现在这些文章他反倒更爱读了。

"明年的'双11'，我们希望冲到第一，还是有机会的。现在我们是第二，360是第一。"

采访期间，罗勇接了一通电话，不经意间说起了自己的雄心壮志。从华为离职后，还能迅速成为行业领先者的并不多。今年公司的销售额已超过1亿元，基本每年都能实现翻番。公司处于快速增长期，罗勇觉得公司还有广阔的发展空间，却不希望太高调。

"先做事，再说话。像埃隆·马斯克和他的特斯拉那样，领先别的公司3年，他可以提前讲，但当你仅仅领先半年的时候，不能提前1年说大话。"

# 季昕华

## 这位传奇"黑客"致力于"中立云"开发

文 / 王海燕

悬疑美剧《天蝎》,讲述了高智商黑客沃特·奥布莱恩的故事。代号"天蝎"的超级黑客沃特·奥布莱恩,童年就以黑客技术成名,后来成为蝎子计算机服务公司的 CEO,应美国国土安全局之邀,他与来自世界各地的计算机黑客伙伴共同组建了全球防御网络,抵抗复杂的现代高科技威胁。

沃特·奥布莱恩的逆袭几乎就是 UCloud 创始人季昕华故事的翻版。作为"中国首代黑客代表人物",季昕华曾叱咤黑客江湖。2008 年,北京奥运会网络安全应急专家组名单上,除了官方背景的院士、教授外,还出现了 5 名民间"黑客"的名字,季昕华就是其中之一,2010 年上海世博会,他是特邀安全专家。

1979 年出生的季昕华,身上标签太多。约他采访那天,他刚结束一个关于盛大的访谈。晚上,他要去参加"南极圈"的活动,当天还是华友会 10 周年的庆典。

这些都是他曾服务过的老东家。季昕华曾以网络安全专家的身份先后入职华为、腾讯,2009 年他加盟盛大。2011 年,季昕华放弃了"盛大云"CEO 的职位,与好友莫显峰、华琨一起创办 UCloud,致力于做云服务提供商。

曾经那些老东家，如今成了他的竞争对手。2017年3月，UCloud获得D轮9.6亿元融资，正式跻身国内云服务的第一梯队。

## 历经几十轮面试入职华为

"我是中国最早一代的黑客。"季昕华说。至今网络上还流传着他的传说：他发现了很多系统的漏洞，编写过震荡波等蠕虫病毒的示范代码，破解过中国互联网领域早期的各种系统，是著名的"曹政QQ群"中的一员，也加入过当年知名黑客组织"安全焦点"。

"不知攻，焉知防。"说起黑客，季昕华的脸上露出"技术宅"的微笑，这是他熟稔的圈子。

这里面的门道也不少。所谓"红客"，是指维护正义、为国争光的黑客。"白帽子"，一般是正面的黑客，他会识别并公布网络系统中的安全漏洞，不会恶意利用。"黑帽子"，就是利用攻击技术非法获取利益。"灰帽子"介于两者之间。

季昕华实为黑客中的红客流派，他曾主动帮行业找IT技术漏洞，帮助制定安全防范措施。他是写代码的高手，在同济大学读书时，他就开始在网上帮人写程序挣钱了。

大学毕业后，季昕华先后创办过类似后来大众点评的"阿拉上海"、主攻网络题库的"仕易"网，最后都失败了。之后他又创办深圳红军旗，这家公司后来被收购。

"黑客"这个身份给他入职华为带来了困扰，他所应聘的安全岗位对技术和人品都颇有要求。鉴于季昕华的"黑客"身份，华为犹豫再三。"当时我经过了几十轮的面试，历时半年多，华为对我进行了包括个人品德、性格、背景等多方面的调查"。最后季昕华同济大学的师姐做了担保，才把他招进华为，据说是任正非亲自拍板。

2002年，季昕华进入华为。华为为此专门设立了一个安全部门，他很快升为部门经理，负责网络安全方面的事务。华为有浓厚的加班文化，这让懒散惯了的季昕华感到有点儿拘束，"加班我倒无所谓，就是起床比较折腾，因为8点就要打卡，我6点多就得爬起来。"若干年后，他创立自己的公司，就取消了"打卡"的规定。

那时，华为的员工上班不能携带有拍照功能的手机，员工电脑的USB接口也是被封住的，季昕华专门研发了一款软件，能掌握员工下载情况，特别是下载敏感文件时会自动报警。

"我在华为还学会'做没技术含量的事情'。"季昕华说，"自己原来很看不起打补丁的工作，觉得没什么技术含量，后来发现，重复做简单的事情太有价值了。一个很简单的事情，当它的规模上去之后，就容易出现各种各样的问题。管理一台服务器和管理100台服务器不一样，而量变一定会产生质变。"

2003年SARS肆虐，季昕华把防治SARS的思路放到网络安全里面去，研发出了SPES（安全策略强制系统），这个借鉴我国SARS防疫经验研究出的安全系统可以让电脑接入网络前先接受一遍检查，大大减少了传染蠕虫的风险。"为此我们申请了一项专利，我希望把这套思路落实为产品，认真地去经营。"季昕华觉得这个系统值得大力推广，但被叫停，任正非认为安全部的重点在于保护公司的知识产权。

## 他被称为"马化腾背后的男人"

2004年,腾讯向季昕华抛出橄榄枝。彼时的腾讯尚在成长途中,还是小公司。"我觉得QQ是骗小孩子的把戏,对社会没有太大贡献。不像华为,做的是走向国际的通信产品,很有成就感。"

后来时任腾讯CTO的张志东请季昕华吃饭,"他跟我说,在网上'玩'也是生产力,很有价值。"吃完这顿饭,季昕华决定加盟腾讯。

腾讯的氛围相对宽松,季昕华当时在腾讯的英文名叫"BEN",他主要负责防止黑客入侵、防止QQ号被盗、扫黄打非、打击黑客团伙等网络安全工作。"我要面对全世界的黑客入侵者,我像个守擂台的人,不断和高手过招。"他记得曾与一位黑客在网络上对决了72个小时,三天三夜没合眼,最终胜出。

由于技术出众,30岁的季昕华成了腾讯最年轻的部门负责人。那阵子,季昕华打交道的除了黑客,还有公检法部门和立法机构。"可以说,我是互联网行业中最懂法的吧。"他和公安、法院、检察院、人大法工委都有过沟通和讨论。那时网络领域还没有明确的法律规定,季昕华和法律专家经常会探讨这样的问题,写攻击代码算不算违法,QQ被盗号是否该入罪,虚拟装备法律上如何界定……

季昕华一度被称为"马化腾背后的男人"。"这是别人开玩笑的。"他听了,哈哈大笑。原来,腾讯流传着一张会议工作照,马化腾在前面侃侃而谈,季昕华在后面露出一个标志性笑脸。"不过,我们这个技术团队可是每年都会上台领奖的!"

腾讯岁月是季昕华职业生涯中的一段重要经历。他后来创办的UCloud的基因中一大部分来自腾讯,包括季昕华在内的3个创始人都曾是腾讯人。

## 被陈天桥的话打动去了盛大

在腾讯待了5年，季昕华又开始折腾了。这一次他离开深圳去了上海。盛大CEO陈天桥亲自出马找季昕华聊。

2009年的盛大如日中天，正在计划扩大版图，从各地招聘支付、电商、云计算、搜索等方面的技术牛人。陈天桥对季昕华说："我已经完成了'King'（国王）的目标，下一个目标是成为'King Maker'（国王拥立者）。"季昕华被陈天桥这句话打动了。

进入盛大后，季昕华将从安全领域转向云计算，2010年他就开发了盛大云，仅比阿里云稍微晚一点点。后来盛大创新研究院成立，把季昕华负责的云业务和创新研究院放在一起，成立盛大云公司。

2011年，盛大云正式上线，季昕华的目标是想建立一个国内最大的云计算平台，让类似于DropBox、Instagram这样的公司成长起来。

但由于种种原因，季昕华想大干一场的抱负并没有实现。"如果当时坚持下去，可能现在就是盛大云和阿里云的天下了。"

2012年，季昕华从盛大离职，开始筹建自己的云计算公司。他把公司取名为UCloud，专注于服务创业团队，很快他就汇集了一批腾讯、盛大云和其他互联网公司的骨干。

## 希望成为下一家 AWS

在互联网大公司混迹这么多年，可他一直还维系着黑客圈子，"虽然现在不怎么写代码了，但我的朋友圈最活跃的还是黑客。"

他提到这样一段经历，一名技术一流的年轻黑客锒铛入狱，季昕华去探望他："像你这么牛的高手，为什么还要去写木马呢？"对方的回答令他心有戚戚："你以为我不想找工作吗？没有大学文凭，公司不肯录用我。为了生存，我只好写木马来赚钱。"

"所以我一直有个愿望，就是希望每一个能写代码的人都能正当赚钱。"

而他这次创业，正与他的愿望不谋而合。UCloud 就是一个企业孵化器，它搭建了这样一个平台，可以提供互联网创业、研发团队的所有基础 IT 架构服务，创业团队入驻就如同住户拎包入住样板间。这些拎包入住者不少就是黑客出身的程序员。

数据显示，UCloud 已经云集了约 5 万家企业，一些完全不会写代码的创业者也在平台上找到了外包服务，而更多的程序员则在这个平台上干起了"个体户"。个别写游戏代码的"个体户"，还创下了一个月赚数亿元的财富神话。

在大公司这些年的经历也是季昕华创业最好的养料。如果说华为给了他狼性文化的熏陶，腾讯让他感受到的是鼓励创新的精神，那么盛大带给他的则是一种开放的视角。这一圈兜下来，这位昔日的黑客多了"兼容并包"的气质和创业的胆识与智慧。

目前，UCloud 的发展势如破竹，已遍布北京、上海、深圳等 10 多个城市，员工 8 万多人。

季昕华的野心显然不止于此。"现在我和腾讯云、阿里云都有竞争,我们的区别在于,阿里云、腾讯云背后有自己的产品,而 UCloud 是纯粹的中立云服务公司,也是目前世界上最大的中立云服务公司。"季昕华说,UCloud 不碰应用,不做业务,客户会相对放心将数据运行在 UCloud 平台上。"所以我们希望成为下一家 AWS,而不是下一个亚马逊。"

# 李昀凌

## 他签下了华为海外第一张订单

文 / 王海燕

和李昀凌微信通话，音频那头时不时传来"轰隆隆"的雷声，他解释道，"这是印度洋的暖湿气流，每年这时都会登陆巴基斯坦，带来大量雨水。"

20 年前，李昀凌作为华为员工被派驻巴基斯坦代表处，千方百计签下了海外第一单，为华为海外拓展打开了局面。如今他重归故地，不过这一次，他是作为创业者回到巴基斯坦。

### 从备受冷遇到建立品牌印象

李昀凌 1998 年加入华为，此前在西门子工作。

从 1995 年起华为就开始布局海外市场，3 年过去了，没谈下任何订单。华为高层认识到，交换机、光网络、GSM 这些产品具有非常高的技术含量。海外做运营不是简单地做国际贸易，不能光派学外贸的人员，而是要把有专业素养和市场经验的员工派到全球。

1999 年年初，公司做出决定，把第一批 56 位华为人派到 80 多个国家（有的人要兼顾两到三个国家）。这是华为迈出国际化的第一步。

李昀凌就在这第一批人中。因为他会说英语，被派往巴基斯坦。

"现在派往海外的华为员工要顺畅得多。想当年，我们被派到海外时，中国产品没有品牌，中国的高科技产品更是闻所未闻。"李昀凌说，刚到巴基斯坦时，对方总是疑惑地问："华为是干什么的？"在当地人看来，华为就是生产服装的，或者做鞋的，因为当时中国出口到这里的就是这些东西，"听说我们做程控交换机，移动通信，光网络，对方就不再说什么了，算是给我们点面子。"

巴基斯坦的通信运营商大大小小 10 多个。无论国有的，还是部队的，或者民营公司，运营商决策层大都在欧美接受教育，合作的大型设备供应商也都是欧美公司。即便是从当年算起，西门子在当地有 40 年历史，跟各个运营商合作多年；美国 AT&T 有 32 年历史，其他几个欧洲公司也是 30 多年的历史；就是提供程控交换机的日本公司也有近 10 年历史。在他们的认知里，中国是没有高科技的。

"我们跟他们约一个技术交流会，对方根本就不理你，因为不知道你是谁。"说起当年受到的冷遇，李昀凌依然有些不平，"我们递上项目交流会资料，他们问，华为公司的发音，是 Huwei，还是 Hawei。我问其中的区别，他们说，Hawei 就是 Hawei，如果是 Huwei，就带点'傻'的意思。我立马就回答，那就是 Hawei，当然不能让他们占这个便宜。"

通过努力，虽然有运营商给了一些公司汇报和技术交流的机会，但是这样的机会很少。李昀凌和他的同事并不甘心，为了争取"入围"机会，他们费尽心思。

有一次技术交流，来自巴基斯坦的最大运营商来听他们讲华为产品介绍，那次挺成功，之后他们陆陆续续做了几十个面上交流，当地运营商终于知道了华为的存在。

很快,李昀凌争取到一个机会,就是给科技部和交通部官员介绍华为的技术服务。须知,巴基斯坦的通信业务归交通部管,交通部电信管理局就相当于中国的电信管理局。

那次会面非常有趣,有位科技部官员在英国受的教育,起初对华为并不以为意,李昀凌介绍到一半,就被他打断,"这种高科技产品只有英国有,中国不可能有。你们的技术从哪买的?"

"我们是自主研发。"

他还是不相信,"既然不是买的,那你们肯定是合资的。"

李昀凌告诉他,"华为是百分百的独资企业,没有任何外国资本。"

等介绍到了尾声,这位官员还是不放心,又问道,"既然不是买的,也不是合资的,那么你们研发用了多长时间?"

"华为用了大约 7 年时间做研发。"

这位官员这才点了点头,"这还差不多,世界上第一套程控交换机,美国 AT&T 汇聚了 2000 个工程师,差不多花了 10 年时间才研发成功。"接着,他又提了很多问题,

看到这位官员提了满满 10 多页纸的问题,李昀凌心下一喜,"这下他们对华为品牌应该有印象了。"

## 签出第一份海外的商业订货合同

"几十场交流之后,我们多多少少混了个脸熟。"李昀凌说,巴基斯坦知道了生产交换机、光纤传输网的华为,但这仅仅是认知层面,要

让他们对华为产品有更深入的了解，得让他们看到实物，最佳方式就是邀请对方到华为公司实地参观。

但是遇到了瓶颈。对方大多数属于巴基斯坦政府官员，作为企业，华为是没有资格进行邀请的，必须通过外交部，这对当时的华为来说，不太可能。

另一个路径就是去参加国际电信展。1999年，新加坡举行亚洲国际电信展，这正是让华为产品在国际展台上公开亮相的好机会。

"好在华为的执行力强，头一次参加国际展，别的公司没有一年半载的准备是办不到的，而华为一两个月就做成了。"在李昀凌看来，华为的成功，就是把资源倾向一线，这得益于任正非的谋略，"要让听得见炮声的一线将士能够调用资源。"

那年，李昀凌邀请了一批巴基斯坦高端客户来参加新加坡电信展。这位高个子华为代表和华为产品给大家留下了深刻印象。"这些都是20级、21级客户，大家看到了实物，无论是功能还是品质都不比欧美差。"

回来后，华为代表处就跟巴基斯坦进行一项关于骨干网的光网络工程的合作洽谈。

那天正是周一，李昀凌去送报告，代表处在伊斯兰堡，客户在拉瓦平地，距离他住处有30多公里的路程。他一早就开车出发了。

"开的时候，我发现情况不大对头，两条车道空空如也，只有我一辆车。"说起那天的场景，李昀凌依然历历在目。平日里来往路上车流如织，可那天，来的路上没有车，去的路上也没有车。他看到，道路两边每隔十几米就站着一位士兵。"感觉就我一个人在开，我心里越发毛了，猜想着可能有大人物来访。一路上没人拦我，我就一直开到了客户所在地。"

见到我，客户项目经理一脸惊讶，"你竟然今天赶过来了！"原来，前一天晚上，巴基斯坦政府更迭，所以一路上戒严。

"别的电信供应商都没来，就你来了，看来是我们的亲兄弟。"这位经理握着李昀凌的手泪花闪烁，李昀凌对他说："既然我承诺你了，就要兑现承诺。"

七艰，八难，九九八十一难，这份订单终于签下来了。

这也是 1995 到 1999 年这几年间，华为在海外签的第一份合同。为了庆祝签约，华为在巴基斯坦四星级酒店举办了庆祝仪式，参加仪式的有中国驻巴大使、巴国政要等。任正非也出席了仪式。

自此，华为在巴基斯坦的拓展走上快车道，也为华为更多产品进驻巴基斯坦市场打开局面。

## "老干妈"一度当主菜吃

比起业务上的攻坚克难，适应异国的风土习俗也是需要过的一道关。当年在巴基斯坦，要找家地道的中国餐馆很难。"一开始请了位巴基斯坦的厨子，每天上咖喱和孜然调料，实在没法吃下去。"李昀凌说，有次通过乌鲁木齐的朋友，空运过来一箱肉罐头，大家大快朵颐，顷刻扫光。

对在巴基斯坦的中国人来说，"吃"的问题实在难解决，"老干妈"毕竟只能充当调剂。有一次，他们去一家酒店中餐厅用餐，菜做得不错，一问厨子，原来他父亲早年在中国工作，他的中餐就是跟父亲学的。李昀凌就把这位厨子挖了过来。不过，厨子只干了三四个月。"后来，我碰到一位嫁到巴基斯坦来的湖北人，她的弟弟开了家餐厅，做的中餐还算地道。我们就请他帮我们做中餐和晚餐，算是解决了吃饭问题。"

吃之外，还有环境的适应。有着200多年英国殖民历史的巴基斯坦，在管理制度上基本沿用英国这一套，这就需要了解英国的文化、法律和管理体系。李昀凌学的英语偏美式，巴基斯坦的英语完全是英式，这都需要矫正。与此同时，他们还要了解和尊重当地穆斯林的信仰和文化习俗。

华为产品在巴基斯坦站稳脚跟后，华为设在巴基斯坦的机构也日益壮大，如今拥有1500多名员工，那时很多巴基斯坦运营商一有项目就会给代表处招标函。

"有时我和他们聊，'这次我们不参加投标了，这不是华为的主要业务。'对方不乐意了，'你们不投标，标的会变得很高，价格就下不来。'这不，我们成了压舱石。"

2000年，李昀凌被派到东南亚，开始新的征程。有了巴基斯坦的经验，东南亚的征战显然要顺畅许多。他记得，当年参加中国香港的国际电信展后，他带着柬埔寨客户去华为坂田基地参观，对方一看，坂田基地比西门子的慕尼黑基地大多了，立刻就被征服。一开始还一副慢慢悠悠的腔调，参观完毕回去就签下了合同。

李昀凌算了一笔账，"同类产品性能都差不多，而欧美公司只保维修一年，华为的维修达两年或两年半，在价格上又有优势，还能接受分期付款。你说客户会选谁？当然了，我们不成功没有道理，每天工作十五六个小时，除了吃饭都在谈项目。"

## 重回故地开办国际企业

长时间的海外高强度工作，也让李昀凌备感疲惫。去海外前，他体重 170 斤，等他从东南亚回到深圳，只有 140 斤。

"当时瘦弱不堪，我跟领导说，海外实在太辛苦，身体受不了。" 2001 年，李昀凌回国参加华为高级干部培训，准备调整一段时间。"根据公司规定，不会再让我回东南亚或巴基斯坦，可能派我去别的地方。当时空白市场只有北非、南非的几个国家说英语，估计下一步就要派我去非洲，这可吃不消，我想歇一歇。"

按照公司规定，公司派遣函发给你，如果不去就视为辞职。彼时，李昀凌的孩子正值中考，他权衡了一下，决定离开华为。

2004 年，李昀凌回到北京休养了一年多。之后，他去了 UT 斯达康，在电信事业部分管全国 22 个办事处。

兜兜转转一圈后，李昀凌还是决定创业，他再一次将目标锁定了海外。

到底选择哪个国家，他做了番考察与比较。"我去东南亚走了一圈，还是觉得巴基斯坦最有利于发展。"他分析道，巴基斯坦的基础设施比较完善，人口也在不断增长，发展空间很大。更重要的是，在巴基斯坦的多年工作经历，让他不仅了解当地宗教文化，而且积累了广博的人脉资源。"巴基斯坦人的思维方式、工作模式我都比较熟悉，和政府部门打交道也有经验。"

2016 年，李昀凌在巴基斯坦开办 BIT 国际公司，主要为当地企业提供信息化服务，涉及财务、行政、人力资源、车辆仓储、供应链管理等，为企业节省成本、提高运营效率，公司招聘了一批巴基斯坦员工。

与当年派驻到此的华为同事相比，李昀凌也在适应这里的工作节奏方式，"不像国内创业公司会经常加班，这儿到了下午 5 点员工们就准时下班。"

工作和思维方式的磨合不仅仅来自巴基斯坦一方，也来自中国这一方。巴基斯坦是缺电的国家，而光伏发电是个很好的解决方案。因为巴基斯坦处于热带，阳光充足。不过，李昀凌在与国内企业洽谈此事时，他们却纠结于巴基斯坦对光伏产业没有补贴。"要拓展国际市场，仅仅复制和套用国内政策显然很难奏效。而是要转变思路，深入了解国际市场的价值空间和政策规律。"李昀凌不禁想起他在华为的那段岁月，"很多百亿级公司也想走出去，但缺乏任老板当年的那份决心和战略勇气。"

不过，这份认知上的差异正慢慢消弭，"将来会有更多中国企业走出去，在国际舞台上树立中国品牌。"李昀凌说。

# 刘博宇

## 26 岁时他已成华为中亚地区最年轻的管理者

文 / 谢飞君

从上海外国语大学俄语专业毕业时,刘博宇作为文科生选择去华为,看重的是高收入。没想到的是,26 岁时,他就成了华为中亚最年轻的中层管理者,29 岁时,他已经是华为哈萨克斯坦子公司的法人。但一场车祸,改变了他的生命与职业轨迹。他至今依旧记得在和死亡无比接近的时候命运对他的指引,以至于在他醒来后仍如此清晰,让他重新思考未来。

现在他的公司基于光纤传感技术在做特种安防的产品,即为专业领域,给如国防军事、能源电力、轨道交通、文物保护这些行业提供专业化的超长距离安防系统,突破人类安防系统的极限。50 人的团队 70% 以上是前华为人,而他的创业领域偏向基础研究,连华为也不愿轻易涉足尝试。

### 学俄语的文科生走通技术之路

2000 年刘博宇从上海外国语大学俄语系毕业,南下去华为前,他并不知道华为是干什么的,但高昂的薪酬吸引了他。

他大学期间曾去莫斯科留学。华为组织学校招聘,恰逢他参加社会实践而错过。而他给华为深圳总部的人力资源部门打了个电话后就被录取了,刘博宇把原因归为俄语口语比较好——从初中就学的俄语底子比较扎实,又出国深造过。

去了华为,就是标准的文科生学技术,开始入手比较难,但华为的培训体系很完善。整个培训期间,有导师手把手辅导专业知识。他首先从语言的角度把单词学会了,才慢慢开始了解通信的技术世界。此后,他在深圳工作了两年时间,负责国外客户的接待,这给了那些华为向海外市场输送的外语人员逐步去了解市场、培养销售知识的机会。

2002年4月,刘博宇被派到哈萨克斯坦。当时的华为代表处人不多,连着司机、秘书一共五六个人。他除了负责客户工作,还有很多事情都被压过来:中国员工的衣食住行、当地的客户维护、财务沟通……这个过程中,刘博宇逐渐开阔了视野,也锻炼了经商的能力。他一直念念不忘那段时间,结识的朋友、经历的故事、积累的经验一直支撑他走到现在。

和现在庞大的企业规模定位不同,华为当时那种形态下要求有很强的个人能力,所有的事情以一当百,要在"前线"搞定。也因此,刘博宇26岁就成了华为在中亚最年轻的中层领导。他略带自豪地表示,这个纪录到现在还没有打破。

记得华为高管李杰在《华为人报》上写过《莫斯科不相信眼泪》,他卖的第一个单子是28美元,卖了几个电源模块。当时华为的投入巨大,内部的策略叫"洗盐碱地",也就是说,当地的市场基础不可能做成生意,所以要一遍遍用努力和汗水去濯洗,让其变成肥沃的土壤。

华为具体采用的方法是从"老少边穷"地区开始去推销,从"农村包围城市"。当时在中亚华为的竞争对手包括加拿大的北电、美国的朗讯、法国的阿尔卡特,甚至斯洛文尼亚也有些电信系统的供应商,都在阻击华为的崛起,困难可想而知。当年真正在国际市场扎根的很多营销人员,现在已经遍布全球,成为华为的中坚力量。

2000 年刘博宇作为文科生进入华为,最大的问题是不懂技术,但在独联体国家的经历恰好让他补上了短板:由于当地不讲英语只讲俄语,华为的技术和产品人员到当地去拜访客户时无法直接交流,需要刘博宇作为"二传手"来表达。这个过程中很多信息量会在即时翻译的过程中遗失。所以后来在哈萨克斯坦就改变了宣讲策略,每个产品经理到哈萨克斯坦后都是先给刘博宇培训,让他全面理解产品。后来,不管是程控交换机,还是数据通信、无线网络等,都先给他培训。到了 2006 年,文科生出身的他已经是半个技术专家了,而且是懂得多个产品的"万金油"。

## 一场车祸改变职业轨迹

2006 年,刘博宇的身份是华为哈萨克斯坦市场的负责人。当年 7 月他出了一场车祸。年轻气盛的他为了第二天和客户碰面,凌晨时分在草原上开夜车时出了意外。当地没有医疗资源,外科医生赶到草原的卫生所给他做了手术。就在手术时他出现了幻觉,看见、听见命运对他的召唤。

手术后回国养伤,他在总部工作了一年半,老领导帮他安排了一个不错的职位。那个阶段，30 岁的他思索了很多人生的意义。彼时正赶上"华为入职八年风波"，人力资源部要求重新签劳务合同，刘博宇选择了辞职。

离开华为的人通常会有两种不同的心态，一种是觉得自己非常有能力，觉得自己什么都能干；还有一种会对老东家有抵触情绪。

"我想了比较久，这两种情绪我都没有。"辞职后的刘博宇明白，失去了华为这个平台，一切将重新开始。

离职后的他再次回到了自己熟悉的中亚。作为华为人他在当地的那些年，一切都是围绕客户和本职工作。在曾经为数不多的空闲时间里，他还翻译了一些俄罗斯电影，像《黑帮》以及一些他认为可以让中国人了解俄罗斯生活的片子，并在射手网上传字幕。

## 一片华为也未涉足的"蓝海"

刘博宇的业务，听起来非常专业。对于普通人而言，通过案例才能听得明白。比如：石油公司在地下的输送管道，遭到外部破坏时，土层的振动引起光纤传感器的报警。借由光纤检测震动信号，光纤传感器最初是 2004 年前后在欧美国防实验室的设想，到了 2009 年逐步有防务科技公司做出了产品。刘博宇和他的团队在调研了一整年市场与技术后，开始投入到光纤传感技术的研发中。经过多年探索和尝试，基于机器大数据的归纳整理，现在的产品能够还原出在某个具体地点具体时间究竟发生了什么事（因为不同的事件触发的振动信号数据会不一样），当他们把这种变化在地图上标记出来，对中石油、中石化这样的能源公司防止偷油盗气就有很大的价值，对于国防军事目的也有广阔的前景。这套设备已经在中国规模使用了。

在欧美和中国的高端实验室内，人类通过光纤已经能监测到92种变量信号，包括温度、应力、振动，甚至包括电磁感应等。光纤变成了一个超长距离传感器，而非仅仅是通信的载体。但这项技术非常靠近基础研发，连华为都不愿涉足。

"太靠近基础研发了，做起来很吃力。"为了分析模拟信号，刘博宇和他的团队请教了几乎全国最著名的光学与信号学专家。"北大西洋海底监听矩阵是用光纤传感器做的，沙特阿拉伯、以色列的隔离带也都是用光纤传感器去做的防护。以往边境线最常用的是人力巡检，但光纤传感这项技术可以很完美地解决这个问题。"此类技术可以为国防事业提供非常好的解决方案。在国防领域相信很快也会使用这种技术的防护体系。"人类技术超过10公里就捉襟见肘了，而我们这个产品的传感器部分不需要用电、免维护，埋在土里使用寿命有20年。军事敏感区、人防地下工程、文物古墓，都是我们需要保护的范围。"

## 潜移默化的华为特质

作为国家高新技术公司，艾瑞斯通有39项发明，每一年会增加7～10项发明，但团队一直不超过50人，其中70%～80%是前华为人。

为什么用华为人？"内部沟通成本比较低，大家在华为就有了共同的认知。"在刘博宇看来，任老板身上有很多特质影响了华为和华为人，比如艰苦奋斗。记得任老板在哈萨克斯坦拜访客户之余，到当地一个回民村参观。没地方吃饭，就去村民家里炒一大锅鸡蛋。任正非打完鸡蛋，用手指头抹一抹里面的蛋清，告诉大家不要浪费了。

刘博宇身上有很深的华为烙印，在哈萨克斯坦市场的团队一直在为中石油提供系统集成和通信保障服务，所到之处尽是沙漠戈壁。他的公司也注重技术研发，不论是用光纤检测能源管道，还是做国防和军事领域的项目，由于技术领先，在国内几乎没有竞争对手。

2015年，艾瑞斯通在北京做了一个产品发布会，行业内的一位领导盛赞他们整个团队是有使命感的。"我听了心头一热！的确，我们确实在国防领域弥补了国内技术的一项空白。"

作为华为当年招收的语言类学生，如今的刘博宇已经是技术领域的专家。他能把产品的使用形态、功能描述用一般人能够理解的方式娓娓道来。他此次到上海是为募资而来，为在吉尔吉斯斯坦的一个国家项目募资，以及自己公司的股权融资。今年公司的一个工作重心是"一带一路"沿途的国家项目。"我现在的工作重点是将公司推销出去，不仅要融资融到好价钱，还要找到志同道合的合作伙伴。目前艾瑞斯通是50人，估值4亿元人民币，理想状态是一个200人的团队，需要融资去接近这个目标。"

创业后的刘博宇更忙了，别说翻译俄语电影，就连看电影的时间也没有了。但在他看来，赚钱依旧只是人生事业的附加值，"比如日本的纪录片里的寿司之神，虽然也追求收益，但不是光想着赚钱。"他把人生中物质和精神的关系概括为心理缺失与不满足。现在的他不满足的是，对事业成功道路上的种种挑战，与获取巨大成就感的不断追求。"当然，帮助他人获得成功，这本身也是我们自身价值的体现。"

# 徐渊

## 很少表扬员工的任正非，
## 当年为何在董事会上点了他的名？

文 / 吴頔

---

熟悉华为的人都知道，任正非对员工要求很高，很少点名表扬手下的员工。但就有这样一个年轻人，让任正非破例在董事会上对他大加赞赏。

他就是曾经担任华为德国办事处总经理的徐渊。

学英语出身的他，当初误打误撞进入了华为，却不仅得到了总裁的亲自表扬，还在12年的职业生涯中，创下了多个"最年轻"纪录。

## 翻了室友带回的华为介绍，放弃了考研

徐渊曾就读于北京邮电大学，虽然学的是理工科，但比较"另类"，是科技英语专业：用英文教材学习电子和通信知识。

作为老牌通信名校北京邮电大学培养出的学生，在这一行还是非常吃香的，想要进入中国电信这样的大企业并不难。但那时进入华为的学生却并不是很多，英语专业里每年在全国只招生20人，以前没有去华为工作的。

那时，不少学生选择华为是看中了优厚的待遇，徐渊却并非如此。他与华为结缘，用他自己的话说，纯粹是"误打误撞"。

2000年年底，进入本科最后一年的徐渊也如其他准毕业生们一样，规划起自己的未来。他选择报考华东政法大学的法学硕士，并投入到紧张的复习备考之中，从来没有想过要去找工作，各类招聘会自然也就无暇关注。

一天晚上，徐渊在图书馆晚自习后回到寝室，注意到了室友桌上的一堆材料：那天下午，华为在学校举行了招聘会，正在求职的室友也去投递了简历，并带回了一沓华为的宣传资料。

"华为怎么样？"徐渊一边问着，一边随手翻阅起来。

他看到了任正非写的《致新员工书》。"很受刺激。"有些内容，徐渊现在还能娓娓道来，讲得与原文并不完全一致，更多结合了他自己的思考。

"不管来自什么学校或单位，进入华为就是一张白纸，要接受华为的文化。华为的文化，就是奋斗者的文化，在这里要忘掉个人、强调集体，'胜则举杯相庆，败则拼死相救'，而华为也不会让任何一个雷锋吃亏。"作为从安徽大别山这样的贫困地区走出来的年轻人，徐渊深受鼓舞，他深知能吃苦是自己的最大优点之一，而在华为这样的企业，不需要"拼爹"，只要努力奋斗，每个人都能有很好的前途。

深感华为是一家有特色的公司，他又继续捧起了一本介绍华为的书《走出混沌》，因为晚上宿舍要断电熄灯，他就把书带去了走廊，借着走廊里的灯光看，看完已是清晨6点。

第二天一早，徐渊没有去图书馆，他给华为的人事部门打了电话，表达了自己的求职意愿。由于一直准备考研，他原本并没有求职的计划,连个人简历也没有做过。他赶紧在寝室制作了一份简历,打印出来下午带去面试。

经过一周内的先后两轮面试,徐渊顺利入职华为,进入市场部做销售工作。收到录用通知后,他便将寝室里的一堆法学复习资料,统统丢进了垃圾箱。

## 一年工作360天,去了几十趟世界之窗

2001年8月,徐渊正式进入华为。那年华为扩招了许多小语种专业的学生,为开拓海外市场储备力量。徐渊还记得,在大队集训期间,他所在的营有30多名小语种专业的新员工,分别掌握了西班牙语、阿拉伯语、葡萄牙语、法语等语言。

其中,法语专业的员工是最吃香的,因为那时华为要开拓非洲市场,需要大量人手,他们很快就外派出国了。徐渊因为是英语专业则被分配去伊朗,但由于那时伊朗正经历战乱,他的外派便暂缓进行,被调往市场财经部负责收款,半年里,他都在向客户催收欠款。1年后,他又被调往深圳,进入国际接待部。

每年,都有来自全球各个国家和地区的数百批甚至上千批客户来华为总部参观,徐渊要做的,就是根据不同客户的身份与需求制订不同的接待计划,等客户到来后,带领他们会见公司高层,参观公司展厅、研发中心、物流中心等设施,并陪同客户们游览深圳。"那1年里,单单是世界之窗我就去了几十趟,早已去到不想再去了。"

借此机会,刚入职的他也有了相当多的机会,能与公司高层近距离

接触。

在他的印象中，不管客户在对方公司中属于什么级别，华为的公司高层都没有任何架子，很客气、很谦卑，而且有问必答。包括任正非在内的许多高层，都会参与接待。

令徐渊感到意外的是，虽然公司高层领导更多考虑的是对公司发展大局的把握，但对于许多细节他们也都了解得十分透彻。甚至有人可以全程直接用英语与客户进行对话，介绍产品。比如当时的海外产品行销部总裁陶景文，以及现在已经担任常务董事的余承东。也许他们的英文发音并不是很标准，但就是敢讲。"当时大家都说，不管什么样的客户，交给余总，他都能搞定。"

"365天里可能有360天都在工作。"这1年里，徐渊接待了100多批客户，在这期间，作为新员工的他迅速成长，不仅对公司的业务有了整体了解，也学到了许多人情世故，这些都为他日后在华为的发展打下了坚实基础。

## 被任正非点名表扬的年轻人

转眼又到了准备外派出国的时候，这一次，依旧是好事多磨。

面试结束后，公司考虑到徐渊还没有在国内一线的工作经验，建议他先在国内市场先锻炼一下后再出国。于是，他又被调往了山东办事处，担任山东电信的客户经理。

那时，网通与电信刚刚分家，电信在山东的业务刚刚起步，包括徐渊在内，华为山东办事处负责山东省电信的仅有两名客户经理，业绩却相当不错。2004年,华为把山东省电信公司的前3位高层和17个分公司的一把手全部约到深圳,开了一次战略研讨会,研究华为如何快速提升在山东电信的竞争力,任正非也亲自出面接待。后来,山东电信将80%的设备投资都给了华为。

在山东工作1年后,徐渊又一次提出了外派申请。2004年年底,他"幸运"地被派往了欧洲。虽然条件相对舒适,肩上的担子却很重,那时的欧洲市场才刚刚起步,他成为第一位被派往斯洛文尼亚的华为人,也是当时的唯一一位,从租房、招工,到开拓市场,都要自己一手操办。

还未抵达斯洛文尼亚,徐渊在行程中就状况不断。当时斯洛文尼亚的商务签证很难办,需要当地的公司发邀请函。但斯洛文尼亚办公室还没成立,找谁去发函呢?最后,同事辗转帮忙找到了华为在罗马尼亚办公室的1名当地员工的亲戚,他在斯洛文尼亚做生意,这才开出了邀请函。

徐渊先到了华为的匈牙利办事处,准备乘火车前往斯洛文尼亚,途经克罗地亚时,列车上突然来了警察,查看了徐渊的证件后要求他下车。原来,徐渊仅有斯洛文尼亚的签证,并没有克罗地亚的签证,因此不能过境。

被赶下火车的徐渊,只得转了两趟车回到匈牙利首都,到达布达佩斯时,已是凌晨两点。第二天一早,他只好乘飞机赶去了斯洛文尼亚。

抵达斯洛文尼亚,徐渊便开始"白手起家"。起初他人生地不熟,甚至不认识一个客户。"当时,华为在欧洲默默无名。看惯了服装等廉价中国商品的欧洲人,对从事高科技产业的华为,自然难以很快接受。"他回忆,起初,自己很难约到客户,第一次去见客户,便遭到客户不屑,"他们觉得没有必要花时间跟一家中国公司谈电信产品,这对他们来说是浪费时间。"

所幸我国驻斯洛文尼亚大使馆的商务处参赞,向他介绍了当地情况,并引荐了一些代理商。第一年,他便签下了700多万美元的合同,还在斯洛文尼亚卖出了全球第一部华为3G手机——那时国内还没有3G网络,因此3G手机也没有开售。

2006年,在女儿出生两周后,徐渊被调往捷克,担任华为驻捷克办事处的代表,成为华为在全球的第一位"80后"总经理。与斯洛文尼亚的状况不同,华为在捷克已有了一定业务基础,办事处有20多名员工,每年业务量有几百万美元。

2008年,任正非去捷克考察了3天,担任欧洲地区部总裁的余承东也陪同他一道考察。徐渊虽然曾经在深圳见过任正非多次,但却没有给他留下什么印象。这一次,这个26岁的小伙让任正非彻底记住了自己。

考察期间,任正非突然问道:"员工的忠诚度是什么?"身边几人都没答到点子上。这其实是任正非前不久在他的一次讲话中讲到的内容,而任正非一直要求员工们要及时学习自己在公司内部发表的讲话纪要和文章,这个提问的意图,大概就是要试探试探,远在大洋彼岸的欧洲员工们到底有没有及时领会。而徐渊恰恰是任正非文章的忠实读者,他不光每篇必看,还边读边思考:任总为什么要这样说,可以采取哪些措施来落实任总的要求?

在气氛逐渐冷场时,徐渊插话了:"是成本,员工的忠诚度是企业的成本。"

这一句话,让任正非对这个外派捷克的小伙子刮目相看。回国后,鲜少表扬员工的任正非,专门在董事会上对徐渊点名提出了表扬。这也因此让徐渊在公司小有名气,后来见到新同事,自我介绍完,对方就会恍然大悟:"原来你就是任总之前表扬的那个徐渊啊!"

2009 年,徐渊从捷克被调往德国担任代表,岗位职级从原来的 17 级晋升到了 21 级,还以 29 岁的年龄成为西欧 AT 团队的最年轻成员。离开时,捷克办事处已经有上百名员工,每年业务量超过 1 亿美元。

在华为德国办事处的 3 年里,华为在德国的业务量从 3 亿美元增长到 7 亿美元,员工也从 300 多人增加至 1000 人。最重要的一个事情,徐渊凭借自己对欧洲文化和行业的理解,说服公司总部多位高层领导,成功击败爱立信、诺基亚、西门子、阿尔卡特—朗讯赢得了西班牙电信德国子网的代维项目,从客户那里接收了 227 个德国员工到华为德国服务公司。这个项目也为华为后续在欧洲甚至全球拓展代维项目竖起了标杆。2012 年,公司计划将徐渊调往非洲地区部担任副总裁,但由于此时全家人都已在西欧生活,第二个孩子刚满一岁,并且他刚刚做完手术,他便选择了离开。

## 以客户为中心,提供互联网数据研究和市场咨询服务

离开奋斗了 12 年的华为,徐渊开始创业,创立了载德投资,担任 CEO。他希望将德国一些比较好的产业和经验与中国的劳动力和资本资源嫁接,包括德国的养老产业、电动汽车、职业教育等等。同时他还在从事中德之间的文化传播工作,比如将中国的电视节目引进到德国,将中央电视台的电视节目推荐给德国当地电视台播放等。他还参与创办了法兰克福国际纪录片电影节,这是首个中国人在国外创办的电影节。

2017年，徐渊加入了科达股份，现在在科达股份100%控股的全资子公司北京数字一百信息技术有限公司，担任副总裁。这是一家拥有深厚的企业行业研究背景及领先的互联网技术优势，为企业用户提供市场咨询整合数据研究服务的专业上市机构。通过将互联网数据采集系统、在线精准样本库、在线品牌粉丝社区及场景服务研究融合，为企业和政府机构提供更为真实、精准、高效的市场研究数据和策略营销服务。

公司不仅有来自中信证券、市场研究协会、工商银行、中欧国际工商学院等企业机构的专业市场研究培训讲师，还是《央视财经评论》《央视经济生活大调查》等节目的长期合作伙伴。

"以客户需求为中心，汇聚众多行业研究资源。"在介绍公司的特色时，徐渊脱口而出。虽然离开华为已有些年头，华为"以客户为中心"的发展理念，徐渊从来没有忘记过，并将其带到了自己当下的工作中来。除此之外，华为的"奋斗者文化"与自我批判的精神，他也在日常的工作与企业管理中学习并实践着。

现在，数字一百服务于金融、快速消费品、家电、IT互联网、汽车等行业企业，华为、亚马逊、腾讯、京东、中粮、上汽等众多知名企业都是他们的客户。他们已拥有在全国400多个城市乡镇的线上线下调研能力，形成了覆盖中国1～6级城市的数字化调查网络，并在2016年成功上市，在新的起点上追求更高的社会责任和价值。

# 姚旻汐

## 这位海归美女把华为基因融入酸菜鱼，做成轻奢"网红"

文 / 吴顿

联系姚旻汐时，她正准备去次日即将开门营业的新店面看看——这是2016年她创立姚酸菜鱼以来，开设的第12家店了。

"开店前夕，应该很忙吧？"笔者问。"不会不会，现在公司已经步入正轨了，其实不用操很多心。"姚旻汐倒是很轻松。虽然年龄不大，她却已是一个专注餐饮行业创业8年的老兵了。自开店以来，姚酸菜鱼覆盖了深圳的一线商圈，标准店坪效达到5000～7000元人民币，迅速成为人气餐厅。

"创业团队让我们感到非常惊喜，是从华为背景创始人的管理能力应用，到餐饮行业的降维打击。"这是投资人对姚酸菜鱼的评价。

在获得了鼎心资本数千万元人民币融资后，姚旻汐创立的这家餐饮连锁公司成为国内首个获得资本支持的酸菜鱼单品连锁餐饮品牌。而在此之前，姚酸菜鱼就曾获得秒拍、小咖秀等网红直播App的母公司北京一下科技的战略投资。

"因为你的店也是'网红'吗？"面对笔者打趣，她解释道："因为投资方觉得，我们的核心用户定位与他们是完全重合的，都是20～40

岁的年轻女性。而且我的目标不仅仅是做一家传统的餐饮企业。"

一家酸菜鱼店，为何能有这样的本领？这要从创始人姚旻汐自身说起。

## 离开华为时收到每个同事签名的纪念卡

既然是"网红"店，网络江湖里自然少不了姚旻汐和姚酸菜鱼的"传说"。

虽然在华为工作的时间并不长，姚旻汐却毫不避讳自己的这段经历，相反，很多美食栏目写到姚酸菜鱼时，都给这"华为基因"着墨不少。话题性仅仅是表面，根本原因，还是姚旻汐对华为的态度："华为是我的第一份工作，华为文化在我心中打下了难以磨灭的烙印。"

姚旻汐大学就读于西安外国语大学，还担任过学生会主席，之后留学英国，获得了谢菲尔德大学的管理学硕士学位。2007年，尚未毕业回国的姚旻汐经朋友介绍，了解到了华为，抱着试试看的态度，她向华为递交了简历。

作为一家技术企业，华为的员工构成，毫无疑问是以"理工男"居多，像姚旻汐这样的毫无理工科专业背景的美女，可以说是凤毛麟角，对此她并没有什么压力："我学的是管理学，其实去什么单位都可以有发展机会。反正也都是从基础做起，不会一上来就真做'管理'嘛。"

回国后，她在老家西安接受了华为终端部副总的面试，如她所料，面试并没有涉及很多专业性很强的内容。由于本科学的是旅游管理，面试官针对"旅游资源在陕西的开发"这一话题听了她的看法，这正是她本科毕业论文所研究的内容。靠着面试时的出色表现，她顺利进入了华为,担任干部部秘书。

"刚刚走出校园的我,就是一张白纸,但进入华为后,从新员工入职时的大队培训开始,就开始学习华为文化。"

比如华为的"奋斗者文化"。每天早晨8:30上班,大家都早早就来到办公室,而晚上到9、10点下班则是家常便饭,没有人有任何怨言。

2008年年底离职时的一幕,让姚旻汐印象深刻。在位于北京的华为中国区总部,几十位员工每人都在卡片上轮流签上自己的名字送给姚旻汐,这让她又一次感到了团队的凝聚力。

## 从闭眼挣钱到重度亏损后的背水一战

在华为、联想等企业工作后,姚旻汐最终还是选择了创业,创业方向是与此前的经历并不相关的餐饮行业,地点则是在华为大本营的所在地深圳。

餐饮行业看似门槛低,实际上却对创业者要求很高,姚旻汐的起步却是相当地顺利。她曾经做过黄记煌的加盟,还试过火锅、咖啡、下午茶,最多时曾同时经营6家不同门类的店。由于是做加盟店,从原料、生产到经营的经验都已比较成熟,加上选址不错,她一度经历过黄金时期。

不过在2015年,她经历了最惨痛的一次失利。那时她也开起了当时非常风靡的"串串香",不过由于餐厅定位、选址与经营方式上都出现了一定偏差,这家店并没有成为她想象当中的"爆款"。由于选择在购物中心里开自助餐,午餐时间人流量稀少,就餐场景相对受限,毛利能做到50%就算不错,单店单月最高亏损了80万元人民币。

痛定思痛，姚旻汐认识到，此前的一帆风顺，使她忽略了一直以来存在的问题：经营门类过于分散，没有形成聚焦的品牌效应，同时也有些乐观估计了形势，风险意识不强。

"但从另一个角度来看，想做就大胆做的'无知者无畏'，其实是创业者最重要的素质之一。"挫折并未使她气馁，而是进行深度反思，在遇见现在的合伙人，也是企业的联合创始人后，姚旻汐决定迅速改变经营方向。

背水一战，这一次，她选择了酸菜鱼。因为酸菜鱼毛利相对比较稳定，目前可以达到60%～70%，而鱼也是一种相对普通的食材，货源供应有保障，同时，根据数据统计，酸辣味型近年来受欢迎程度有明显的上涨趋势，在所有口味中占比较大。酸菜鱼一方面迎合了目前消费者的口味趋势，另一方面不会因地域而受到很多局限。

## 酸菜鱼中的"Tiffany"（蒂凡尼）

酸菜鱼是川菜中的经典菜品，也是不少餐厅的主打菜色。消费者想起酸菜鱼，第一印象多是味觉厚重、风格传统。这一定程度上也折射出这一品类的痛点：深受大排档文化影响，缺少消费升级，说白了，就是档次上不去。而在大浪淘沙的餐饮行业，一个新兴品牌如果不能快速让消费者有记忆感，可能很快就会被淹没。

"以客户为中心"是根植在每个华为人脑海中的基本理念，在华为开始自己职业生涯的姚旻汐，同样懂得顾客至上的道理。她将自己的核心客户群，定位在了20岁到40岁的年轻女性。要在这样一个群体中做出知名度，就需要针对她们的消费习惯和消费喜好做出改变。她了解到,年轻消费者在选择餐厅时,最关注的因素是就餐环境、体验性、享受性、独特性、时尚性成为年轻消费者"拔草"餐厅的动力。

为此,姚旻汐想了一个点子,来提高商品和店铺的"颜值",让酸菜鱼这样一款大众美食有了轻奢感——店面装潢使用高端珠宝品牌Tiffany的主色调"Tiffany蓝",给用户植入高端轻奢的品牌印记。一方面实现了品牌借势,另一方面也契合了品牌本身的轻奢定位。"可能也会弥补消费者的一种心理落差,消费不了Tiffany的时候,可以消费一下酸菜鱼嘛。"姚旻汐调侃道。

同时,她还将品牌人格化、IP化,招聘了自己的插画师,推出了一个叫"姚美丽"的卡通小女孩。时尚、独特、有趣味,符合年轻人的调性。在她看来,如果一个品牌能够输出人格化的价值观,就是这个企业最成功的价值体现。

而在企业管理方面,华为经历给她留下的宝贵财富就更多。在公司里,他们同样提倡"以奋斗者为本"和"不让雷锋吃亏",注重人才梯队的培养。比如为"90后"品牌运营员工购置了红酒,激发他们的创作灵感与热情,还举行KPI(关键绩效指标)授予仪式、核心团队宣誓仪式,每个新员工入职要参加拜师仪式,让每个人都有参与感。此外,在成本控制、信息化系统、产品创新迭代方面,姚酸菜鱼也都体现了极强的专业性和执行力。

姚旻汐介绍,2018年,姚酸菜鱼想要开至25~40家店。目前门店主要开在一线热门商圈,接下来还将进驻产业园区试点,做好区域深耕,之后再进行城市拓展。她计划,3年内姚酸菜鱼可以开到100家店。同时,姚酸菜鱼还计划推出多个周边,并向零售化的方向做尝试,在门店内陈设周边产品,让消费者可以现场扫码即买即走。

>>> 后记

# 16万前华为人都去哪里了?
# 华为独狼创业图谱大揭秘

文 / 王海燕

时下活跃的几大创业军团中,华为系显得有几分神秘。由于其一贯的低调本色,华为系在江湖上的传说并不多。

当初那颗优秀螺丝钉,离开了华为这艘大航母,离开了舒适区,会有怎样的走向?此前一度盛传34岁以上的华为技术员工有可能被裁员。一时间,让人到中年的职场人有了强烈的代入感和危机感。似乎,离职就意味着迷惘、漂泊、一曲华丽乐章的落幕。

事实上,我们看到的是一个绚烂多姿的华为离职江湖。

30个样本,30个精彩故事,此轮我们所访谈的这些离职员工,无论是人生选择的多元化,还是从事领域的多样性,均大大超出我们先前的想象。当年那批驰骋通信疆场的狼性一族,离开华为后,各自又辟出新的园地。

君不见,暗中崛起的华为系已遍布海内外,汇聚在各行各业,他们干得有声有色、有滋有味。也正是透过他们,华为文化播撒至各大疆域。

也许这就是对"中年危机"的最好回应。其实,不仅仅是华为人,所有职场人都在面对或将要面对这一道坎。

人生这道关口,一旦你跨出去,等待你的可能就是新的一片天。

## 跑道之外的多元选择

创业团队的"出身"历来被作为一个衡量标准。通常,前BAT员工较受欢迎,而前华为人却不被看好。

这与"跑道"有关。

一般而言,70%左右的创业者都是在熟悉的行业展开原来的业务,而华为人创业存在天然不足,即很少能在熟悉的领域创业。

此前,李一男出来创办港湾,华为专门成立打港办,港湾最终被华为收购。曾待他亲如父子的任正非一度在内部"检讨",自己没有把李一男管好,他作为主管领导是有责任的,他把该年度自己的考核打为C,后来在大家的说服下,才改为B。

当初,李一男拉了很多华为人去港湾创业,而后来的收场给华为系创业投下了几分阴影。无论是客观上的竞业限制,还是主观上的个人局限,华为公司涉及的行业基本上在市场上占绝对领先优势,新公司几乎没有进入的可行性。

用千乘资本创始人熊伟的话来说,"坦克过去,寸草不生。"如果离开华为还是选择在原来的通信设备领域,那么机会渺茫。

相比之下,阿里系、腾讯系的创业占尽跑道优势。互联网市场本来就是群雄割据的草莽之地,谁都可以进来跑马圈地,BAT衍生出的生态链也很长,创业的想象空间很大。而通信设备市场是典型的贵族俱乐部,就那么几个玩家,门槛高,游戏规则清晰。

这正是华为系创业者所面临的局面:他们缺少互联网基因,不会贸然闯进这个领域,他们也卸掉了最强的武器,很少会留在通信圈,这就注定了他们要另辟疆场、另开跑道。

可是谁会想到，主跑道之外的天地一样宽广。

比如说华为电气。2001年，艾默生电气中国投资有限公司以7.5亿美元拿下华为电气100%股权。原华为电气员工成了华为的"弃儿"。华电本来在华为体系就是"二等公民"，虽然赚得不少，但任老板看不上，在他心目中，电气不像通信技术日新月异，通信技术才是他心目中的高新技术。

这一群华电人，既继承了华为的狼性基因，又兼具艾默生的国际视野，他们察觉到市场机遇后陆续辞职，组建了一个个电气类公司，"折腾"出了一批电气类上市公司，在A股刮起了一股不小的资本旋风。比如汇川技术、英威腾、蓝海华腾、英维克、麦格米特、禾望电气等已先后登陆A股市场。而创业成功的那批人，大部分都是2000年前进华为电气的那一批员工。

"这就是跑道对了。"熊伟说，相比通信设备主业，电气类公司的竞争环境相对好得多，处于"丘陵地带"，正所谓天时地利。

咨询业也是华为人长袖善舞的领域，可以这么说，华为系贡献了中国咨询业的半壁江山。

《华为研发》作者张利华就是其中的代表。离职后不久，她就投入了咨询生涯，"一方面我自己有两三年创业的经历，让我看到了华为的经验很值得总结和借鉴；另一方面，我也接触了很多企业，我发现哪怕非常有名的企业，相较于华为的管理都要落后10年以上。"

华为输出了人才、文化和管理方式，这些咨询人活跃在通信、IT、服装、汽车配件、机械、电子商务等不同行业，将华为更科学的管理模式，传授给更多的民营企业，帮助他们开展企业管理改进、收获硕果。

都说技术人才最难管，可华为恰恰管好了这么多优秀的技术人才，据说华为 HR 的市场价是原来工资乘以 3，可见华为 HR 的受欢迎程度。

华为做通信技术设备，举世皆知，却很少有人知道华为旗下还有家莫塞尔全资子公司，专门经营高端红酒，这里可以采购到全世界最好的红酒。作为全球化公司，华为拥有一张全世界的网络，本身就是一个很大的人脉圈子，故华为人做起生意来也相当从容。不少离职员工利用在海外闯荡的生活阅历和国际货源，做起跨境电商，投身贸易，也是风生水起。

据前华为资深人士创立的投资及咨询机构——腾股创投初步统计，所收录的 250 多个华为系创业项目覆盖超过 16 个领域，其中，企业服务占比最多，创业项目分布较多的领域还包括电子、电商、硬件、文娱等。

## 一枚硬币的两面

"你不要'高大上'，而是要'矮矬穷'，要知道你现在已经是从航空母舰落到了小舢板了。"这是前华为 GSM 研发总裁、现 TestBird 创始人李伟对东方酷音创始人李斌的一番忠告，彼时，李斌的创业正经历一段灰暗的时光，好在他及时转换思路，变危为安。

这番忠告不仅仅是对李斌，也适用于所有华为人。

航空母舰上的昔日高管往往拥有骄人的战绩，很多人没有经历过从 0 到 1 的华为，而是直奔流程规范、高速增长的大平台，他们见惯大场面，对话的都是高端客户。而一旦创业，他们往往会高估自己的能力，急于铺大摊子。

"很多人在华为平台上如鱼得水，做什么有什么，但出来后，原来的环境已经改变。"追梦者基金朱波，有时会对老战友泼冷水。"醒醒吧，这已经不是在华为了。把过去的荣誉放下，清零。"

他们对社会的看法也略显天真。李斌说，即使做了11年市场依然被人骗，创业期间，各种各样的人让他送样机，钱不给你，还抄你的方案。

甚至有投资者这么说，华为人都是基于非常正统的技术在做，像陌陌这类有些"坏"的纯粹互联网产品不可能诞生在华为人手里。姜天露在设计手机照片备份功能时，一开始只有"智能备份"，即没备份过的照片全部备份到宝盒中与家人共享。有客户提出，有些照片不能给媳妇看，全部备份不合理。姜天露和他辩论，"既然敢照，为啥不敢给媳妇看！"后来，他让步的结果也只是设置了一个"自选备份"按钮。他直言，"我可能不够坏，理解不了'坏人'的需求！"这种耿直也只有华为人有了。

不过，这份拙朴也正是他们的加分项。任正非曾说过，幸福不会从天降，全靠我们来创造，天道酬勤。很多投资人看重的正是华为人的务实和坚韧。那些意识到自身的短板，放下身段来反思、学习的华为人成长得也最快。在经历了最初的磨砺后，他们的心态变得平和，优势也开始显现。

数据分析图显示，这两年，华为人的优质创业项目明显增多。相比以商业模式见长的阿里系、腾讯系，以技术驱动类的华为系项目被外界普遍看好。有投资人这么评价华为系，"他们做产品比较能坚持，决不会轻易认输,坚持10年都没有问题,只要门槛够高,团队具备持续学习能力,投资逻辑就成立。"

创投圈这么流传,最好的创业路径就是在华为干3~5年,接着去BAT干3年,然后创业。显然这也是对华为系的一种认可。而一旦被投资人看上的华为团队,估值也相对偏高。为啥?因为他们见过更高的山峰,坚守过更漫长的岁月。

创业途中的华友们异常团结,抱团取暖。遍观各大城市,华友会的会员几乎遍布全生态、全产业链、全职能。陈国龙说,不少华为人在北京华友会找到创业合作伙伴,不少人对接了上下游的合作关系,不少人得到知识和行业经验。金颖打过一个比方,浙江华友会就是一台核心路由器,不仅可以链接到阿里、网易等互联网公司,更能和浙江省内各级政府、各类VC(风险投资)和PE(私募股权投资)、各大企业和社团建立便捷沟通。

"我们的口号就是不拼爹、不拼娘,就拼背后十万狼。"用华友会会长俞渭华的话说,华友彼此间发扬的就是"胜则举杯相庆,败则拼死相救"的精神。离开华为,他们一样还是群狼,气质上、骨子里透着那些隐约可见的狼性因子。

华为系员工也是很多大公司争抢的对象,尤其在公司做到一定规模、上了一定轨道后,特别喜欢华为人的加盟,他们会迅速把团队建起来,带来一股新气象。在腾讯、百度、网易等互联网公司,任高管的华为人也不少,比如百度国际的胡勇,腾讯的中高层相当一部分来自华为系。

## 低调与任性

互联网也是名利场，你方唱罢我登场。

如今，资本市场上喧嚣一片，大家都习惯用融资、风投、上市来作为创业成功的标尺，如果没有成功融资，几乎可以等同于"死"。而华为系的一大特点就是，他们一般不会刻意追求融资，也不大愿意去做 hold（掌控）不住的事，故显得相当低调。

当年，逐鹿"车联网"的企业一大片，热潮过去，死尸一片，而刘南杰的"迪纳车联网"依然坚挺，两个小时的访谈里，他一再强调的是技术，"不是有钱就能任性，必须经历'十月怀胎'的孕育。"

工号 63 号的孙进进，在沪创业近 20 年，一直没有融资，公司虽不显耀，却也"活"得挺好，走得挺稳。

采访中，我们发现华友中亦有不少隐性富豪，公司规模早已符合上市条件，却迟迟没有 IPO。

这份低调务实之外，还有一种任性。南京有位华友，每成功创建一个公司，业务上了轨道，就叫来几个华友负责经营，他则退居其后。消失了一段时间后他又出来创业，就这样一连玩了好几个公司，过足了创业瘾。

选择离职的人通常都有一颗不安分的心，还想完成一个梦想，在我们的采访样本中，这个梦想气象万千。

有人跑到贵州山里养起了牛，他的 IT 团队变成了 7 名工人和 300 多头牛。

有人在北京郊区租下农家院子，开起了古琴社，过上了前院斫琴、后院种菜的生活。

有人在凤凰山里办起书院，踏上了国学弘扬之路，架起一座精神殿堂。

有人转身做起留学咨询，搭起一座跨国文化桥梁。

有人干脆就在当地开餐馆或到岛上变身农庄主。

……

这些转型的跨度很大，先前厚重的形象一下子变得轻盈、洒脱。但不管怎么变，华为的气质、烙印依然醒目，即使开农庄，即使做高端西服，他们还是遵循"以客户为中心"的服务意识；即使办书院、开古琴社，他们依然记得邀华为人共享共赏。更不用提那些依旧奋战在IT、大数据、人工智能等科技领域的华为人，带着狼性烙印，继续铸就他们的梦想。

淘课网联合创始人陆强曾说，与以前的华为同事聚会时，一位前下属直言，"你现在创业还在路上，还没成功。我现在年入三五百万，你若还在华为，比我只高不少。你后悔当时出来折腾吗？"

他说，不后悔。"当时不辞职、在华为待一辈子是一种人生，出来折腾也是一种人生。没有对错，只是我更喜欢后者，是折腾，但是更多姿多彩。"

是的，他们仍记得任正非曾说过的，"一杯咖啡吸收宇宙的能量，你们要开放，吸收宇宙的能量，构筑未来的世界。"

愿每个离职人都能达成梦想，开启多姿多彩的人生。

在此感谢所有华友，特别感谢俞渭华、张祺、陈国龙、金颖等的大力支持。